Kurze Witze

Carlo Kurtz (Hrsg.)

Kurze Witze

Bassermann

ISBN: 978-3-8094-3140-4

4. Auflage 2018

Umschlaggestaltung: Atelier Versen, Bad Aibling
Realisation: Medienagentur Drews, Augsburg
Bildnachweis: Illustrationen entnommen aus den Schriftenfonts
Ale Transport LL Regular, DF Celebrations Plain, DF Commercials Plain,
Df Connectivities ITC Regular, Df Daves Raves One ITC Regular, Df Daves Raves Three
ITC Regular, Df Daves Raves Two ITC Regular, DF Delectables Plain, DF Diversions Plain,
DF Diversities Plain, DF Eclectics Plain, Df Home Improvement ITC Regular,
DF Incidentals Plain, DF Inspirations One Plain, DF Inspirations Two Plain, DF Journeys
One Plain, DF Journeys Two Plain, Df Mo Funky Fresh Symbols Plain, DF Naturals Plain,
DF Organics I I A Plain, DF Organics I I B Plain, DF Organics One Plain,
DF Organics Two Plain, Df Situations One ITC Regular, Df Tot Spot ITC Regular,
DF Urbans Plain, DF Well Beings Plain, Df Wild West ITC Regular, F 2 Simbolico Regular,
Pinixit Office LL Regular, Wiesbaden Swing Dingbats

Projektleitung: Birte Dittmann
Herstellung: Elka Cramer

Layout und Satz: Atelier Lehmacher
Druck und Bindung: GGP Media GmbH, Pößneck

Printed in Germany

FSC
www.fsc.org
MIX
Papier aus verantwortungsvollen Quellen
FSC® C014496

Verlagsgruppe Random House FSC® N001967

Auf dem Petersplatz: Treffen sich zwei Päpste ...

„Ist der Stille Ozean immer still, Papa?"
„Stell nicht so dumme Fragen." „In Ordnung Papa, woran ist denn dann das Tote Meer gestorben?"

Frei nach Goethe: Wer reitet so spät durch Nacht und Wind? – Es ist die Lasagne, nur ohne Rind.

Die kleine Lisa sitzt in der Badewanne:
„Mami, wo ist denn der Waschlappen?"
Mami: „Ach, der ist nur schnell Zigaretten holen!"

Er bekleckert sich beim Essen und sagt:
„Ach, ich sehe aus wie ein Schwein."
Meint sie: „Und bekleckert hast du dich jetzt auch noch!"

Zwei Bankdirektoren plaudern miteinander.
Meint der eine: „Wir haben so viel Geld, wir könnten die ganze Welt kaufen."
Erwidert der andere: „Wir verkaufen sie aber nicht ..."

Beamtenspruch:
„Es gibt viel zu tun – warten wir's ab."

Goldene Hochzeit.
Sie will ihn verführen. Opa staunt:
„Was hast du denn an?“
Erwidert die Oma: „Mein Evakostüm!“
Darauf der Opa: „Das hättest du
aber mal bügeln können!“

„Mama, darf ich zum Bungeejumping?“ „Auf keinen Fall!
Dein Leben hat schon mit einem kaputten Gummi
begonnen. Es soll nicht auch noch so enden.“

Was ist süß und schwingt sich von Liane zu Liane?
Tarzipan

Ein Priester fragt den anderen: „Glaubst du,
dass wir das Ende des Zölibats noch erleben?“
„Nein, aber vielleicht unsere Kinder!“

Eine Gehirnzelle kommt in ein männliches Gehirn und
alles ist leer. Nach einer Weile kommt eine andere
Gehirnzelle vorbei und fragt: „Was machst du hier?
Die anderen sind alle unten.“

„Sie müssen erst hier ziehen und dann zählen:
21 – 22 – 23. Dann werfen Sie die Granate weg!“ …
„Der Feldwebel ist ein Arschloch.
Das Ding ist bei 9 schon losgegangen.“

Was ist ein Mann, der bei der Liebe singt? –
Ein Popsänger!

Wie nennt man einen Hund in der Sonne? – Hotdog.

Zwei Bauern treffen sich auf einem Feldweg.
Sagt der eine zum anderen: „Dahinten auf deinem Acker vögelt deine Frau mit deinem Knecht!"
„Das ist nicht mein Acker!"

Eine Blondine erzählt:
„Ich war beim Schwangerschaftstest."
„Und, waren die Fragen sehr schwer?"

„Hast du das gewusst? Die Berufskleidung der Jäger ist im Grunde weiß, aber für jeden Fehlschuss bekommen sie einen grünen Punkt."

Kontaktieren Sie den Papst unter: urbi@orbi

Auf dem Weg zum elektrischen Stuhl fragt der Direktor den Todeskandidaten: „Haben Sie noch einen letzten Wunsch?" „Ja, würden Sie bitte meine Hand halten?"

Heute in der Mensa: Spaghetti Bolognesel

Ein Ostfriese und ein Bayer begegnen sich im Fahrstuhl. Sagt der Bayer: „Grüß Gott." Sagt der Ostfriese: „So hoch fahre ich nicht."

Zwei Hellseher treffen sich. Sagt der eine zum anderen: „Also, dir geht's gut, und wie geht's mir?"

Was ist echt gemein? –
Einen Blinden ins Kino zu schicken.
Und was ist noch gemeiner? –
Einen Stummfilm zu wählen.

Der Arzt beruhigt seinen Patienten:
„Ich habe die OP bereits hundertmal durchgeführt – einmal wird sie schon klappen."

Ein Pfarrer fährt freihändig Fahrrad. Ein Polizist stoppt ihn: „Freihändig Fahren ist verboten, 10 Euro Strafe!"
Pastor: „Aber Gott lenkt doch ...!"
Polizist: „Bei zwei Personen macht das 20 Euro!"

Der Gast lallt: „Ich hab su viel jetrunken. Bringen Se mir was, das mich wieder nüchtern macht."
„Gerne, hier ist die Rechnung."

Pippi Langstrumpf singt: „Ich hab ein Haus, ein kunterbuntes Haus, ein Äffchen und ein Pferd, äh, WO IST MEIN PFERD?"
„Hör jetzt auf zu singen und iss deine Lasagne!"

Letzte Worte des Elektrikers:
„Was ist denn das für ein Kabel?"

Der größte Feind des Menschen Wohl, ist und bleibt der Alkohol. Doch in der Bibel steht geschrieben: Auch deine Feinde sollst du lieben!

„My lovely mister singing club":
„Mein lieber Herr Gesangsverein"

Warum essen blinde Menschen so gerne Mohnbrötchen? – Weil da immer so schöne Geschichten draufstehen!

Fragt die Nachbarin: „Wo waren Sie denn im Urlaub?"
„Auf Teneriffa." „Wo liegt das?"
„Weiß ich nicht, wir sind ja geflogen."

Fallen drei Schwaben in eine Gletscherspalte. Nach drei Tagen werden sie gefunden: „Hier ist das Rote Kreuz!" Zurück kommt: „Mir gebe nix ...!"

Was bekommst du, wenn du einer Blondine Schokolade über den Kopf gießt? – Die wahrscheinlich dümmste Praline der Welt!

Der Hahn kommt mit einem Straußenei zu seinen Hühnern: „Ihr Süßen, ich will ja nicht meckern, aber guckt mal, was die Konkurrenz macht!"

„Ist dieses Hemd auch bügelfrei?", fragt der Kunde. „Ja", sagt die neue Verkäuferin. „Ich habe vor dem Einpacken alle Bügel herausgenommen!"

Ein Arzt erklärt: „Sie haben noch drei Tage zu leben." Nach drei Tagen kann der Patient die Rechnung nicht bezahlen. Der Arzt: „Sie haben noch mal drei Tage!"

Ein Luftballon kommt zum Psychiater und klagt: „Herr Doktor, ich habe immer solche Platzangst."

Wie unterscheidet sich eine Hebamme von einem Chemiker? – Der Chemiker sagt: „H_2O", die Hebamme: „Oha, zwei!"

Über der Bar hängt in goldenen Lettern: Wissensdurst ist die flüssige Form von Bildungshunger.

„Liebling, als ich heute nach dem Aufstehen aus dem Fenster sah, graute der Morgen." Sagt er: „‚Dem Morgen' heißt das richtig, Schatz!"

Im Vorstellungsgespräch wird Ole erklärt: „Ihr Gehalt liegt anfangs bei 800 Euro, später ist es mehr." Nach kurzem Nachdenken antwortet Ole: „Gut, dann komme ich später wieder."

Worin unterscheiden sich ein Chef und ein Blinddarm? – Gar nicht, beide sind überflüssig und oft gereizt.

Karl beichtet: „Ich habe Ehebruch begangen." „Wie oft, mein Sohn?" „Ach, Herr Pfarrer, ich will beichten und nicht angeben."

Aus der Klatschzeitung: Senioren verschwinden spurlos im Internet, sie haben aus Versehen „Alt" und „Entfernen" gedrückt.

Bei der Marine nehmen sie jetzt nur noch Nichtschwimmer! – Warum Nichtschwimmer? Weil die das Schiff viel länger verteidigen.

Die letzten Worte einer Blondine
vor dem Flugzeugabsturz:
„Schau mal, Bärchen, ich kann mit meinem Handy
die Landeklappen bewegen."

„Ich habe gehört, die Ehe des Professors
soll sehr unglücklich sein!"
„Das mag wohl sein: Er ist Mathematiker,
und sie unberechenbar."

Was ist rot und hat Schnupfen? Ein Ranieschen.

Ruft der Gast: „Zahlen!" Ruft der Kellner zurück:
„Buchstaben."

„Du bist ein richtiges Ferkel, Kalle!", schimpft
die Mutter. „Weißt du, was ein Ferkel ist?"
„Klar, das Kind von einer Sau."

Der Jäger kommt heim und sagt zu seinem Sohn:
„Ich habe vorhin zufällig deinen Lehrer getroffen."
„Prima, den konnte ich sowieso nicht leiden."

Richter: „Angeklagter, erkennen Sie diesen
Revolver wieder?" Angeklagter: „Ja! Sie haben
ihn mir ja letzte Woche täglich gezeigt!"

Traudl will vom Hausarzt wissen,
ob sie mit Durchfall baden kann.
Der Arzt antwortet: „Klar, wenn Sie
die Wanne vollkriegen ..."

Warum ist der 31. März für Beamte so wichtig? –
Der Winterschlaf endet
und die Frühjahrsmüdigkeit beginnt.

„Liebes, wo steht denn das Essen?"
„Im Kochbuch auf Seite 67."

AB-Spruch: Du hast also meine Nummer bekommen?
Du hast jetzt 20 Minuten Zeit, mich davon
zu überzeugen, dich zurückzurufen!

Der Showmaster fragt: „Was stellen Sie sich
unter einer idealen Frau vor?"
„Ein Bett!"

Was hat ein Mann, der keine Beine hat? –
Eier aus Bodenhaltung. Und was noch? – Erdnüsse.

Wie heißt die Muschi einer Nonne? –
Christstollen!

Treffen sich zwei Beamte im Magen ihres Chefs.
„Na, dich hat der Alte wohl auch gefressen?"
„Nein, ich komme aus der anderen Richtung."

Der Lehrer schimpft: „Your English is under all pig!"
„Dein Englisch ist unter aller Sau!"

Treffen sich zwei auf der Brücke …
der eine kommt aber nicht.

Sie zu ihm: „Schatz, was liebst du an mir besonders?
Meinen perfekten Körper oder mein schönes Gesicht?"
Er: „Deinen Sinn für Humor!"

Ein Russe und ein Pole sitzen im Auto, wer fährt? –
Ein Polizist.

Personalchef: „Sie fangen also am Montag an.
Bezahlt wird hier nach Leistung." Bewerber: „Das tut
mir sehr leid, aber davon kann ich nicht leben."

Polizeikontrolle: „Haben Sie das Schild mit
der Geschwindigkeitsbegrenzung denn nicht gelesen?"
„Wie soll ich denn bei dem Tempo noch lesen?"

Wirt: „Otto, vom letzten Monat hast du bei mir noch acht Bier stehen!“ „Schütt' sie ruhig weg, die trinkt ja keiner mehr!“

Der Gast ruft ungehalten: „Das ist wirklich unerhört. Ich bestelle jetzt zum vierten Mal mein Essen bei Ihnen!“ „Freut mich, dass es Ihnen bei uns so gut schmeckt!“

Ein Reisender fragt den Schaffner: „Wie lange hält denn der Zug?“ Antwortet der Schaffner: „Bei guter Pflege mindestens 25 Jahre.“

Auf hoher See: „Nein, gnädige Frau, das ist leider kein Wasserrohrbruch. Das Schiff sinkt!“

Tommi hat beim Essen einen Hustenanfall. „Hast du dich verschluckt?“, fragt Mutti besorgt. „Nein, ich bin noch da.“

Der Chef tadelt seinen Arbeiter: „Warum arbeiten Sie denn nicht?“ „Tschuldigung, Chef, ich hab Sie leider nicht kommen sehen.“

Wer zuletzt lacht, hat den Witz nicht kapiert.

Alle schauen ins Feuer.
Nur nicht Brigitte, die kuckt aus der Mitte.

Warum hat Gott eine Rippe Adams geklaut und daraus eine Frau geschaffen? – Als Beweis dafür, dass bei einem Diebstahl nichts Gutes rauskommt.

Ein Gärtner zum anderen: „Es heißt ja, dass es Pflanzen gut tut, wenn man ab und zu mit ihnen spricht." „Okay, dann geh' ich jetzt und beleidige das Unkraut."

„Ich habe mir heute ein Kleid gekauft, das mich viel schlanker aussehen lässt!" „Dann zieh es doch mal an!" „ICH TRAGE ES BEREITS!"

In welcher Zeitung steht es, wenn eine Frau ihren Mann aus dem Fenster wirft? – In „Schöner Wohnen"!

Der Polizist zum Autofahrer:
„Ich muss Sie mit zum Alkoholtest nehmen!"
„Prima. In welcher Kneipe fangen wir an?"

Ein Vampir fährt Tandem und wird von einem Polizisten gestoppt. „Haben Sie was getrunken?" Vampir: „Nee, nur zwei Radler."

Lisa reist nach England. Vorher fragt sie im Reisebüro: „Soll man Tee mit der rechten oder der linken Hand umrühren?" – Der Reisefachmann: „Weder noch, man nimmt den Löffel."

Wie kann man Grießbrei von einem Epileptiker unterscheiden? – Der Grießbrei liegt in Zucker und Zimt. Der Epileptiker liegt im Zimmer und zuckt.

Wie nennt man einen Lüneburger, der aus der Kirche ausgetreten ist? – Einen Lüneburger Heiden!

Warum gibt es eigentlich keine Frauen in der Formel 1? – Weil die Boxengasse zu klein zum Einparken ist.

Frau morgens vor dem Spiegel: „Ja, DAS hat mein Mann wirklich verdient."

Nach einer langen Verhandlung sagt der Richter zum Angeklagten: „Fahren Sie fort." Der Angeklagte: „In Ordnung, und wann soll ich wiederkommen?"

Wie unterscheidet sich ein Jagdhund von einem Jäger? – Ein Jagdhund braucht mehr Prüfungen!

Aus welchem Grund können Skelette niemals Radprofis werden? – Weil sie leider kein Sitzfleisch haben.

Die Kellnerin fragt: „Ihr Glas ist ja leer. Möchten Sie noch eins?“ Der Gast: „Nein, was soll ich mit zwei leeren Gläsern?“

Eine Froschfamilie hüpft über die Straße. Plötzlich ruft der Froschvater: „Schnell, da hinten kommt ein Lastquatsch …“

„Sagen Sie“, fragt er die süße Blondine, „haben wir uns nicht schon einmal getroffen?“ „Ja“, antwortet sie, „der Treffer kommt dieses Jahr in die Schule.“

Der Chef rüttelt wütend seinen Angestellten wach und brüllt: „Wissen Sie, was Sie sind?“ Darauf der Angestellte: „Ja, Chef, ein aufgeweckter Mitarbeiter!“

Die Lehrerin fragt: „Wenn ich sage: ‚Ich werde heiraten‘, welche Zeit ist das dann?“ „Höchste Zeit!“

Ein Ehepaar sieht sich eine Tierdokumentation an. Sie: „Schatz, findest du nicht auch, dass Nagetiere dumm und gefräßig sind?“ Er: „Ja, mein Mäuschen!“

Aus einem Aufsatz: Wir bekommen von der Ziege die Butter und die Milch, und vom Bock das Bier.

Die Mannschaft hat verloren. Der Trainer brüllt: „Ich habe gesagt, ‚Spielt, wie ihr noch nie gespielt habt', und nicht ‚Spielt, als ob ihr noch nie gespielt habt!'"

Was ist passiert, wenn 500.000 Blondinen am Himmelstor stehen? – Rückrufaktion fehlerhafter Modelle!

Paul betet: „Lieber Gott, weil du alles kannst, bitte ich dich darum, Rom zur Hauptstadt von Frankreich zu machen, denn das habe ich heute in der Klassenarbeit geschrieben."

Der junge Mann bittet beim künftigen Schwiegervater um die Hand der Tochter. Darauf dieser: „Sind Sie überhaupt in der Lage, eine Familie zu unterhalten?" „Aber ja, ich habe eine große Stereoanlage und 400 Platten."

Zwei Verrückte gehen nebeneinander spazieren. Sagt der eine: „Ich will auch mal in die Mitte."

Was ist grün und hat ein Kopftuch auf? – Eine Gürkin!

Zwei Sportler treffen sich. Sagt der eine: „Ich hab jetzt einen Golfsack!" Darauf der andere: „Du Armer. Wenn ich schon daran denke, wie schmerzhaft ein Tennisarm ist."

Gibt es einen Unterschied zwischen Bungeejumping und Tennis? – Ja, beim Tennis hat man zwei Aufschläge.

„Nennen Sie mir ein eisenhaltiges Abführmittel!", sagt der Professor. Der Medizinstudent: „Handschellen!"

Im Blumenladen: „Sagen Sie, sind diese Blumen künstlich?" „Natürlich." „Natürlich?" „Nein, künstlich." „Was denn nun, künstlich oder natürlich?" „Natürlich künstlich."

Ein Mann im Buchgeschäft: „Ich hätte gern das Buch ‚Der Mann, der absolute Herr im Haus'." Die Verkäuferin: „Märchenbücher führen wir nicht."

Im Geschichtsunterricht fragt der Lehrer: „Wo wurde der Friedensvertrag von 1918 unterschrieben?" Nach längerem Nachdenken antwortet Karlchen: „Unten rechts!"

Im Tabakladen: „Ich möchte ein Paar karierte Socken, bitte." „Tut mir leid, mein Herr, wir führen hier nur Artikel für Raucher." „Ich bin ja Raucher!"

Peter zu seiner Frau: „Wieso siehst du dir immer diese Koch-Shows an, du kannst doch gar nicht kochen!" Darauf sie: „Du schaust doch auch Pornos!"

Der Vater sagt zu seinem Sohn: „Moritz, dein Lehrer macht sich Sorgen wegen deiner schlechten Noten!" „Ach, Papi, was gehen uns denn die Sorgen anderer Leute an?"

Gibt es eigentlich 1,80 Meter große Pinguine? Nein? Dann hab ich wohl gerade eine recht große Nonne überfahren.

Was ist ein Sattelschlepper? – *Ein Cowboy ohne Pferd!*

Die Lehrerin: „ Wenn ich sage: ‚Ich bin schön gewesen', dann ist das die Vergangenheitsform. Wenn ich sage: ‚Ich bin schön', was ist das?" „Eine glatte Lüge!", platzt Benno heraus.

Sagt der Karl aus Passau: „Des Englische is scho
a komische Sprach: I hoast Ei, Ei hoast Eck,
Eck hoast koaner und koaner hoast nobody …"

Der neue Jagdverein gibt sich das Motto:
Lernen Sie schießen und treffen Sie neue Freunde.

„Irren ist menschlich", erklärte der Igel
und stieg von der Bürste herunter.

Die Mutter ermahnt ihren Sohn: „‚Maul' sagt man nicht."
Kurz darauf kommt der Sohn angerannt und ruft:
„Mama, Mama, ich habe einen Mundwurf gesehen!"

Warum können 50 Prozent aller verheirateten
Männer nach dem Sex nicht gleich schlafen? –
Weil sie noch nach Hause müssen!

Wie sortieren Männer ihre Wäsche? –
In Stapeln: „Schmutzig" und „Schmutzig,
aber noch tragbar".

„Schatz, ich mache dich
zur glücklichsten Frau der ganzen Welt!"
„Ich werde dich vermissen."

Manche Frauen tun für ihr Aussehen Dinge, für die ein Gebrauchtwagenhändler ins Gefängnis käme.

Hella kommt nach Hause. „Papi, kannst du im Dunkeln schreiben?" Sagt er: „Ja klar." „Gut, dann mach bitte das Licht aus und unterschreib mein Zeugnis!"

Zwei Luftballons fliegen durch die Wüste. Sagt der eine: „Achtung, da vorn ist ein Kaktusssssssss …"

Was ist ein roter Fleck in der Wüste? – *Eine Trockenperiode.*

Spazieren zwei Zahnstocher auf einer Landstraße. Da kommt ein Igel vorbei. Sagt der eine Zahnstocher: „Ich wusste gar nicht, dass hier auch ein Bus fährt."

Der Gefängnisdirektor zum Häftling: „Was wird nur Ihr Vater dazu sagen, dass Sie schon wieder hier sind?" „Fragen Sie ihn doch selbst. Er sitzt in Zelle 12!"

Warum heißt Milka Milka? – Weil sie aus Milch und Kakao gemacht wird. Wären Sahne, Rotkohl und Tintenfisch drin, hieße sie Sarotti.

Alle Kinder haben wenig Geld.
Nur nicht Ingo, der spielt Bingo.

Sitzen zwei Pilze auf der Parkbank.
Sagt der eine: „Hallo!" Sagt der andere:
„Halt den Mund, Pilze können nicht reden."

Das Leben ist ein Spiel, und „Single"
ist eine der härtesten Schwierigkeitsstufen.

Was passiert, wenn ein Beamter beerdigt wird? –
Er wird umgebettet.

Mit der ersten Frühlingssonne kriechen
die ersten verliebten Regenwürmer ans Tageslicht
und singen: „Chanson d'amour …"
Da kommt der Rasenmäher: „Ratatata …"

Der Arzt zu Paule: „Sie sollten
Urlaub machen!" „Kann ich mir
nicht leisten, ich hab mir gerade
eine Ferienwohnung gekauft!"

Der Verzehr von Lasagne
ist nicht gesundheitsgepferdend.

Fragt eine Schnecke die andere: „Warum hast du ein blaues Auge?" Sagt die andere: „Ich war joggen – und da ist plötzlich ein Pilz aus dem Boden geschossen ..."

Warum haben Frauen eine Gehirnzelle mehr als Pferde? – Damit sie beim Putzen nicht aus dem Eimer saufen.

Mein Mann ist mit meiner besten Freundin abgehauen. Langsam vermisse ich sie ...

Wenn die Bäuerin Striptease tanzt,
sich das Vieh im Stall verschanzt.

Was geschieht mit einem Spanner, wenn er stirbt? – *Er ist weg vom Fenster!*

Paul hilft einer Nonne aus dem Bus. Sie bedankt sich: „Vielen Dank, sehr nett!" „Keine Ursache! Zorros Freunde sind auch meine Freunde!"

Warum nehmen die Polen nicht so gern Viagra? – Weil alles, was da länger rumsteht, geklaut wird.

Was sagt ein Sachse beim Orgasmus? – *Färtsch!*

„Sind Sie zu Besuch hier?",
fragt der Frisör den fremden Kunden.
„Nein, zum Haare schneiden!"

Was sagt ein Ostfriese, nach dem ersten Seitensprung? – „Wenn ich gewusst hätte, dass er überall passt, hätte ich das schon früher gemacht!"

Der angetrunkene Fahrer säuselt: „Ich habe eigentlich nur Tee getrunken." Darauf der Polizist: „Dann haben Sie mindestens 1,5 Kamille."

„Ich kenne einen Piraten mit Holzbein mit Namen Säbelzahn." „Und wie heißt das andere Bein?"

Was ist für Fußballer romantisch? –
Ein Stadion im Kerzenlicht.

Patient: „Ich leide an Gedächtnisschwund!"
Arzt: „Seit wann haben Sie denn das?"
Patient: Was denn?"

Er: „Ich soll morgen beim Arzt eine Urin-, eine Stuhl-, und eine Spermaprobe abgeben."
Sie: „Nimm die graue Cordhose."

Was haben Männer und das Wetter gemeinsam? –
Wir können beides nicht ändern!

Der Anästhesist zum Chirurgen:
„Weißt du, worin wir uns unterscheiden?"
Sagt der Chirurg: „Ich habe keine Ahnung!"
Antwortet der Anästhesist: „Genau!"

„Ich möchte eine Deutschland-Fahne!"
„Schwarz-Rot-Gold?" „Ich nehme eine rote!"

„Entschuldigen Sie vielmals die feuchten Geldscheine",
sagt die Kundin beim Juwelier,
„mein Mann hat geweint, als er sie mir gab!"

Was ist der Unterschied zwischen einem Investment-Banker und einer Pizza Calzone? –
Die Pizza kann eine vierköpfige Familie ernähren.

Der kleinste Bauernhof der Welt ist das Polizeiauto:
vorne zwei Bullen und hinten eine arme Sau!

Was sagt der Lkw-Fahrer, als er seinen Kumpel
mit seiner Frau erwischt? –
„So, Freundchen, ganz vorsichtig rückwärts ausparken,
und bloß keine Ladung verlieren!"

Der Deutschlehrer: „Pitt, nenn mir einen berühmten Dichter!“ „Achilles.“ „ Achilles war doch kein Dichter!“ „Aber der ist doch wegen seiner Verse bekannt.“

Ein Beamter bringt ein Glas mit einem Goldfisch zurück in die Zoohandlung.
Als Grund für die Reklamation erklärt der Beamte:
„Er brachte uns zu viel Hektik ins Büro!“

Weihnachtszeit.
„Mutti, der Tannenbaum brennt!“
„Nein, der Tannenbaum leuchtet.“
„Guck doch mal, jetzt leuchtet sogar schon die Gardine!“

Worin besteht der Unterschied zwischen einer Frau und einem Tumor? –
Ein Tumor kann gutartig sein!

„Mama, kannst du mir bitte ein Märchen erzählen?“
„Lass uns warten, bis Papa nach Hause kommt, dann erzählt er uns beiden eines!“

Der junge Priester predigt:
„Immer, wenn mir ein Betrunkener aus einer Kneipe entgegenkommt, sage ich zu ihm:
‚Du bist auf dem falschen Weg, kehre um!‘“

Haben Vampire und Bratschisten etwas gemeinsam? – Ja, sie haben beide schreckliche Angst vor Kreuzen.

Was heißt: „I think my pig whistles!"? – „Ich glaub, mein Schwein pfeift."

Unter Männern: „Schreit deine Frau auch immer, wenn sie kommt?" „Nein, sie hat ihren eigenen Schlüssel."

Aus einem Aufsatz: Die Anerkennung seiner Werke erlebte Franz Kafka leider erst lange nach seinem Tod.

Ein Paar beim Liebesspiel.
Sie: „Liebst du mich eigentlich noch?"
Er: „Ja denkst du, ich mache Liegestütze?"

Warum gibt es in der Kirche kaum Fliegen? – *Weil sie InSekten sind.*

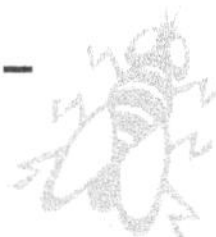

Wodurch unterscheiden sich eine Sopranistin und ein Piranha? – Durch den Lippenstift.

Ein Kunde hat schon unzählige Hüte aufprobiert. „Haben Sie denn keinen, der zu meinem Kopf passt?" Sagt die Verkäuferin: „Wie wäre es mit einem Strohhut …?"

WC-Spruch: Wer bis zum Hals
in der Kacke steckt,
sollte den Kopf nicht hängenlassen.

Manche Menschen erkennt man an ihren Taten,
andere an ihrem Getue!

„Ich bin entrüstet!", sprach der Ritter, als er nackt war.

Woran erkennt man, dass man Tinnitus
in den Augen hat? – *Man sieht nur noch Pfeifen!*

Rumpel-die-pumpel, wo ist mein Kumpel? –
Holter-die-polter, da unten rollt er …

Fragt ein Schotte seine Freundin: „Möchtest du heute
mit mir essen?" „Sehr gerne!"
„Gut, dann bin ich um 19 Uhr bei dir."

„Mein Onkel ist Numismatiker."
„Was ist das?" „Einer, der Münzen sammelt."
„Immer diese Fremdwörter.
Früher hat man einfach Bettler gesagt."

Die Lösung hatte ich, nur passte sie nicht zum Problem.

„Dieses Spielzeug“, erklärt die Verkäuferin, „wurde von Psychologen entwickelt und bereitet Ihr Kind optimal auf den Ernst des Lebens vor. Egal, wie man es zusammenbaut, es ist falsch!“

Im Chemieunterricht:
„Was geschieht mit Gold, wenn man es an der Luft liegen lässt?“ „Es wird gestohlen ...“

Was genau heißt eigentlich EHE? – Errare humanum est (lateinisch: Irren ist menschlich)!

Warum bekommen Männer mit 50 einen kleinen Bauch? – Damit der Arbeitslose zwischen den Beinen nicht auch noch obdachlos wird!

Das wissen doch alle: Wissen ist Macht. Nichts wissen macht auch nichts.

Wenn alle schlafen und nur einer spricht, dann ist das sicher Unterricht.

Sabinchen sieht zu, wie Mama den Säugling wickelt. „Gib ihm doch Trockenmilch, dann musst du ihn nur abstauben.“

„Papa, wächst du noch?" „Warum fragst du?"
„Dein Kopf kommt schon zu den Haaren raus."

„Haben Brombeeren eigentlich Beine?"
„Nein, natürlich nicht."
„Dann habe ich gerade einen Mistkäfer gegessen."

Im Ehestreit schreit sie:
„Ich springe aus dem Fenster, und den Hund nehme ich mit." „Nein, der Hund bleibt hier!"

Frauen können nur einen Orgasmus vortäuschen, Männer dagegen eine ganze Beziehung.

Was hat einen Bauch und einen Hals, aber keinen Kopf? – *Eine Flasche.*

Ein kleiner Junge
hat einen schlimmen Sonnenbrand.
„Gerade erst vier Jahre
und ich gehe schon in Fetzen!"

Eine Oma ist gestürzt. Ein Politiker hilft ihr auf und scherzt: „Dafür müssen Sie bei der nächsten Wahl auch für mich stimmen." Sagt die Oma: „Ich bin doch nicht auf den Kopf gefallen."

Was heißt Nachschlagewerk auf Englisch? –
After-Beat-Factory

„Peter, wie groß ist ein Kamel?",
will die Lehrerin wissen. „Kaum größer
als ich, denn Papa sagt,
ein größeres Kamel als mich, gibt es nicht."

Welche Enten sind besonders intelligent? –
Die Studenten.

Oma singt für ihren Enkel ein Schlaflied.
Sagt der Enkel: „Kannst du bitte draußen weitersingen,
ich will jetzt schlafen."

Was heißt „All start is heavy"? – Aller Anfang ist schwer.

Welche Flüssigkeit ist die seltenste auf der Welt? –
Beamtenschweiß.

Eine Blondine beim Frauenarzt:
„Immer, wenn ich Wasser lasse,
kommen bei mir Briefmarken raus!"
Nach der Untersuchung sagt der Arzt:
„Gute Frau, das waren die Aufkleber,
die man auf Bananen findet."

„Soll ich Ihnen das Mittagessen in die Kabine bringen?",
fragt der Kellner den seekranken Passagier,
„oder soll ich es gleich über Bord werfen?"

„Na, hattest du auf deiner Spanientour
Schwierigkeiten mit deinem neuen Sprachcomputer?"
„Ich nicht, aber die Spanier ..."

Eine ängstliche Urlauberin fragt
an der Rezeption: „Gibt es hier eigentlich
Quallen oder Krebse?" „Nein, nein,
die werden alle von den Haien gefressen!"

Hüpfen zwei Sandkörner durch die Sahara.
Sagt das eine: „Mann, ist hier was los!"

„Mama, in der Schule sagen alle Monster zu mir."
Ach komm, schließ deine drei Augen und schlaf jetzt."

Der Vater ist verärgert: „Seit du auf der Welt bist,
hast du mir noch nicht eine Freude bereitet."
Sohn: „Aber vorher, was?"

Der Chef tadelt seine blonde Sekretärin:
„Sie haben ja vom Tuten und Blasen keine Ahnung!"
Darauf sie: „Was genau ist Tuten?"

Was sitzt auf einem Baum und ruft „Aha"? –
Ein Uhu mit Sprachfehler.

Ein Stein und ein Brett treffen sich. Sagt der Stein: „Hallo, ich bin ein Stein, und du?" Darauf das Brett: „Wenn du Einstein bist, dann bin ich Brad Pitt!"

Jeder hat das Recht, hässlich zu sein, aber … du übertreibst immer!

Ein Neutron steht vor einem Nachtclub. Sagt der Türsteher: „Halt, nur für geladene Gäste!"

Fragt ein Mann den Finanzbeamten:
„Wann kann ich Urlaub nehmen?"
„Aber Sie arbeiten doch gar nicht hier."
„Das nicht, aber ich arbeite fast nur für Sie!"

Bernd kommt mit einem dicken Kopfverband vom Urlaub nach Hause. Fragt ihn sein Freund: „Oh je, Steinschlag?" Antwortet Bernd: „Nein, Sennerin!"

„Paul, warum heißt es Muttersprache?"
„Weil Vati nie zu Wort kommt."

Die Kuh zum Polizisten: „Mein Mann ist auch Bulle."

Es ist Winter und eine Schafdame sorgt sich
um ihren frisch geschorenen Freund.
Der dazu: „Keine Bange, ich hab ein dickes Fell."

„Papa, stimmt es, dass in Teilen Afrikas die Männer
ihre Frauen bis zum Tag der Hochzeit nicht kennen?"
Vater: „Das stimmt in allen Ländern, mein Sohn."

Wie spielen vier Blondinen russisches Roulette? –
Drei Smarties und eine Antibabypille!

„Wir machen heuer Urlaub auf den Seychellen",
erzählt die junge Frau.
„Da wart ihr doch letztes Jahr auf Hochzeitsreise!"
„Ja, aber jetzt wollen wir baden."

Kaum ist das Ehepaar am Strand,
stürzt sie sich ins Meer und ruft: „Schatz, siehst du,
wie die Wellen mich küssen?" „Ja", sagt er,
„und draußen brechen sie wieder!"

Was ist, wenn ein Schotte mit einer Kerze
vor dem Spiegel sitzt? –
Zweiter Advent.

Wie heißt ein chinesischer Dieb? – Lang Fing.

Alle schauen auf das brennende Auto.
Nur nicht Kurt, der hängt noch im Gurt.

Sagt der Scheich zum Emir:
„Erst zahl'n wir und dann geh'n wir."
Sagt der Emir zum Scheich:
„Zahl'n wir später, geh'n wir gleich."

Wie heißt der chinesische Kulturminister? – Bil Dung.

Der Sohn bockt: „Wenn ich heute Abend
nicht ins Kino darf, dann übe ich eben Geige."

„Wo ist denn dein Zeugnis?", will die Mutter wissen.
„Ich hab es meinem Freund geliehen,
der will seine Eltern erschrecken."

Der Chef schimpft: „Sie sind wieder zu spät,
wissen Sie denn nicht, wann die Arbeit beginnt?"
Darauf der Arbeiter: „Nein, wenn ich komme,
arbeiten die anderen schon."

Gibt es Kunden, die nie einkaufen gehen? –
Ja, Urkunden!

Endlich gibt es jetzt auch Kondome für Beamte …
mit eingebautem Bewegungsmelder.

Was ist bei allen Soldaten gleich? – Sie riechen nach Wasser: die vom Heer nach Grundwasser, die von der Marine nach Seewasser, und die von der Luftwaffe nach Rasierwasser.

Was heißt Charakterzug auf Englisch? – Character-Train.

Was fragt eine Blondine, wenn sie unter einer Kuh aufwacht? – „Wer von euch vieren fährt mich jetzt heim?"

In einem Berliner Stadtbus sagt der Tourist: „Ich will zum Tiergarten." Antwortet der Fahrer: „Ik hab nix dajegen."

Wie nennt man eine Blondine im Wasserbett? –
Bohrinsel.

Alle Kinder haben Angst vor Tom.
Nur nicht Agathe, die kann gut Karate.

Die Mutti fragt ihren Sohn: „Warum hüpfst du denn dauernd?" Der Sohn: „Ich habe vergessen, die Medizin vor dem Einnehmen zu schütteln."

Kommt ein Mann ins Gasthaus und sagt zu der hübschen Bedienung: „Ich kriege einen strammen Max!" Darauf die Bedienung: „Dann schauen Sie halt nicht in meinen Ausschnitt!"

Neulich in Athen:
„Guten Tag, ich möchte gern ein Gyros-Konto eröffnen."
„Tut mir leid, das ist hier nicht Ouzo."

Was hat 76 Zähne und bewacht ein Monster? –
Mein Reißverschluss!

Schimpft der Nachbar: „Haben Sie denn nicht gehört, dass wir dauernd an Ihre Wand geklopft haben?"
„Ich bitte Sie, das macht doch nichts. Wir haben sowieso gefeiert!"

„Hier ist der BND. Bitte hinterlassen Sie keine Nachricht auf unserem Anrufbeantworter, wir hören Ihr Telefon sowieso ab."

Schimpft der Igel:
„Ich verlasse jetzt meine Frau!"
„Warum das denn?"
„Ich ertrage ihre Sticheleien nicht mehr!"

Was macht ein Kopfgärtner? – *Er schneidet Haare.*

Fußballerweisheit:
Eine Schwalbe macht noch lange keinen Elfmeter.

Treffen sich zwei Taschendiebe.
Sagt der eine: „Na, wie geht's?"
Antwortet der andere: „Wie man's nimmt."

Was ist schwarz-weiß gestreift und dreht sich? –
Ein Zebra in einer Drehtür.

Ich warne vor Politikern. Wenn sie dir ausnahmsweise etwas zurückgeben, behaupten sie auch noch, dass das ein Geschenk für dich sei.

„Herr Oberst, wissen Sie,
wie man ein Arschloch neugierig macht?"
„Nein, wie?" „Das erzähle ich Ihnen dann morgen."

Was wird zuerst gelesen und dann gegessen? –
Trauben.

„Hat sich dein Mann das Trinken jetzt abgewöhnt?"
„Nein, er schwankt noch!"

Warum haben Schwäne so lange Hälse? – Damit sie bei Hochwasser den Kopf oben behalten können.

Was liegt am Strand und niest? –
Eine Niesmuschel.

Otto: „Was ist ein Politiker, der es schafft, einen Nagel in die Wand zu schlagen?"
Fritz: „Für etwas zu gebrauchen!"

Wie malt man einen Bikini? –
Zwei Punkte und einen Gedankenstrich.

Was ist ein intelligenter Toilettenbesucher? –
Ein Klugscheißer.

In der Deutschstunde: „Ich komme nicht, du kommst nicht, er kommt nicht ... was heißt das?"
„Dass überhaupt niemand kommt!"

Ein Student zum anderen:
„Mist, meine Socken sind zerbrochen!"
Sein Freund: „Nimm doch meine,
die stehen unterm Bett."

Eine Blondine zur anderen: „Wenn ich neue Schuhe habe, bekomme ich immer Blasen." Antwortet die andere: „Bei mir ist es umgekehrt."

Ein Mann kommt am Morgen danach ins Bad, sieht in den Spiegel. Ihm hängt ein Faden aus dem Mund und er murmelt: „Oh Gott, lass es ein Teebeutel sein ..."

Der Geisterfahrer fragt die Polizisten:
„Was heißt hier falsche Richtung?
Sie wissen doch gar nicht, wohin ich will!"

Beim Autohändler fragt der Kunde: „Bekomme ich auch eine Garantie?" Antwortet der Verkäufer: „Natürlich. Wir garantieren, dass die Autos gebraucht sind."

Aus einem Aufsatz: Weil die Drohne männlich ist, ist sie auch meistens faul.

Ein Mann beim Arzt: „Herr Doktor, alle halten mich für eine Uhr!" „Ach, die wollen Sie doch bloß aufziehen!"

Aus einem Aufsatz: Mein Vater hatte vier Geschwister, die Familie meiner Mutter war dagegen kinderlos.

Was trägt ein Mathematiker auf einem Motorrad? – Einen Integralhelm!

Geisterfahrer sind so höflich – sie sind immer so entgegenkommend!

Wie unterscheidet sich eine Klarinette von einem Sack Zement? – Blas mal rein!

„Weißt du, wie viele Sinfonien Bruckner geschrieben hat?" – „Ja, eine ... aber die zehnmal."

Warum sind Blondinenwitze immer so kurz? – Damit sie die Männer auch verstehen.

Worin unterscheidet sich ein Schäferhund von einem kurzsichtigen Gynäkologen? – Gar nicht, beide haben eine feuchte Nase.

Was haben Alkoholiker und die A-Klasse gemeinsam? – Beide kippen, bis sie umfallen!

Die Kellnerin fragt: „Was möchten Sie trinken?
Wein, Wodka, Cognac, Whisky, Gin?"
Der Mann: „Ja, und ein Bier dazu!"

„Ist mir kalt!", bibbert der Löwe auf der Eisscholle,
„Scheiß Schüleraustausch!"

Peter zur Schwiegermutter:
„Wie lange wirst du bleiben?" „Bis ich euch
auf die Nerven falle!" „Was, so kurz?"

Wie kann man verhindern, dass eine Geige
gestohlen wird? –
Man legt sie einfach in einen Bratschenkasten.

Was rät die blonde Mutter der blonden Tochter
vor ihrer Verabredung? – „Wenn du um zwölf
noch nicht im Bett bist, komm nach Hause."

Hochzeitsnacht: Nervös versucht
der Mann den Hausschlüssel ins
Schlüsselloch zu stecken.
Seufzt die Frau: „Na, das fängt ja gut an."

Fragt ein Magnet den anderen:
„Was soll ich heute nur anziehen?"

Männer sind doch wie Osterhasen:
charmant, sexy und intelligent.
Aber wer glaubt schon an den Osterhasen?

Wie übersetzt man: „You have a jump in the dish"? –
„Du hast 'nen Sprung in der Schüssel."

Definition eines Soldaten: Soll ohne langes Denken
alles tun. Panzerfahrer: breit fahren, schmal denken.

Frage: Wenn die Polizei sagt „Papier",
und ich sag „Schere", hab ich dann gewonnen?

Was bekommt man, wenn man eine Blondine
mit einem Husky kreuzt? – Entweder eine winterharte
Nutte oder einen dummgeilen Schlittenhund.

„Weißt du, wie viele Lagen eine Bratsche hat?" –
„Ja, drei: erste Lage, Notlage, Niederlage."

Warum kann man mit einem belegten Brötchen
nicht telefonieren? – Weil es belegt ist.

Bevor wir in den Urlaub fahren, ist Mama
wie ein Krimi – packend bis zum Schluss.

„Papa, weißt du, wo die Bahamas liegen?“
„Frag mal Mama, die räumt doch immer alles weg.“

„Schön, dass du kommst, Oma. Mama sagte eben:
‚Oma hat uns gerade noch gefehlt.‘“

Was ist braun und kann schwimmen? – Ein Ubrot.

Warum haben Männer ein Loch am Ende des Penis? –
Damit ihr Gehirn mit Sauerstoff versorgt wird.

Wie übersetzt man „As you me, so I you“?
„Wie du mir, so ich dir.“

Geburtstagsgrüße vom schottischen Großvater:
„Alles Gute zum 10.–20. Geburtstag.“

Die frisch gebackene Ehefrau wacht nach
der Hochzeitsnacht auf und weckt ihren Mann:
„Hey, koch mal Kaffee, oder kannste das auch nicht?“

Der Internist zu seiner Tochter: „Hast du
deinem Freund gesagt, dass ich nichts von ihm halte?“
„Ja.“ „Und was hat er geantwortet?“
„Das sei nicht deine erste Fehldiagnose!“

Max kommt wieder einmal zu spät und wird getadelt.
Darauf Max: „Aber Sie sagten doch selbst:
Zum Lernen ist es nie zu spät!"

Zwei Opas gehen zusammen pinkeln.
„Mal sehen, wer weiter pisst?" Der eine seufzt:
„Oje, ich hab mir auf die Socken gepisst!"
Darauf der andere: „Dann hast du gewonnen."

In den Achtzigern war eine Banane auf der Mauer
der Berliner Kompass.
Dort, wo abgebissen war, war Osten.

Ein Schweizer fragt den anderen:
„Was ischt schönrrr? Weihnachten
odrr Gäschlächchtsvärkährr?"
„Gäschlächchtsvärkährr", antwortet der andere.
„Aber Weihnachchten ischt öftrrr."

Warum gehen Skelette nie zum Strand? –
Sie wollen sich doch nicht bis auf die Knochen blamieren.

Ein Liebespaar schlendert nach Hause.
Sie gesteht ihm leise: „Du, ich hatte schon einen Mann."
Sagt er: „Macht nichts, ich auch."

Die Blondine fragt ihren Lover:
„Kommst du aus Freiburg?" „Wieso?"
„Auf deinem Penis, steht doch ‚Freiburg'." „Warte nur,
gleich steht da ‚Freie Hansestadt Hamburg'!"

Allen steht das Wasser bis zum Hals.
Nur der Heiner war kleiner.

Der Feldwebel brüllt einen neuen Rekruten an:
„Sie heißen?" „Schneider. Und Sie?"
„Schnauze!" „Oh, das tut mir leid."

Was ist ein Ökovibrator? –
Eine Biene im Bambusrohr!

„Fällt dir ein Name für mein Auto ein?" „Ja, Storch."
„Warum gerade Storch?" „Na, weil es so klappert."

„Du behauptest also, dass es keinen Gott gibt",
fragt ein Goldfisch den anderen.
„Aber wer gibt uns dann unser täglich Futter?"

„Was wünschen Sie?", fragt der Verkäufer
im Milchgeschäft einen Frosch.
Sagt der Frosch: „Quaaaaak!"

Wie nennt man eine Prostituierte
auf Italienisch? – *Nutella.*

Warum gibt es in der Frankfurter Börse
keine Toiletten? – Die sind unnötig,
denn dort bescheißt jeder jeden.

Was tut eine Eskimo-Frau auf einer Eisscholle? –
Abtreiben.

Was ist schlimmer, Alzheimer oder Parkinson? –
Parkinson. Es ist doch viel schlimmer,
sein Bier zu verschütten, als zu vergessen, es zu zahlen.

Eine alte Dame probiert zum ersten Mal Whisky.
Sie überlegt: „Seltsam, das Zeug schmeckt wie
die Medizin, die mein Mann 20 Jahre einnahm."

Zwei Rosinen treffen sich. Fragt die eine:
„Warum hast du denn einen Helm auf?"
„Weil ich noch in den Stollen muss!"

Zwei Hellseher treffen sich.
Fragt der eine: „Kommst du mit?"
Sagt der andere: „Nee, da war ich schon."

Was ist schlimmer als ein Elefant im Porzellanladen? –
Ein Igel in der Kondomfabrik.

„Papa, weißt du, wie die Schwiegermutter von Adam hieß?" „Adam hatte keine Schwiegermutter. Er lebte mit Eva im Paradies."

Käpt'n Iglu empfiehlt: Fischstäbchen mit Seepferdchen.

Was ist eine Blondine mit schwarz gefärbten Haaren? –
Künstliche Intelligenz.

Aus einem Aufsatz: Eine der Pilotinnen kam gerade nieder, als ich auf den Flugplatz kam.

Schließlich ist es dem Feldherrn gelungen, die Stadt mit einem Kriegsschiff zu umzingeln.

Was entsteht, wenn man einen Kraken mit einer Frau kreuzt? –
Das weiß keiner so genau, aber es kann bestimmt gut putzen.

Was machen 17 Blondinen vor der Disco? –
Sie warten auf die 18-te.

Der von Helmut Kohl ist kurz. Der von Schwarzenegger lang. Madonna hat keinen. Der Papst benutzt ihn nie. Ein Junggeselle hat ihn für sich allein. Und Paare benutzen ihn oft gemeinsam ... den Nachnamen!

Warum reiben sich Frauen morgens die Augen? – Weil sie sich nicht an den Hoden kratzen können.

Wie flickt ein Trottel ein Loch in seinem Schlauchboot? – Mit Nadel und Faden.

Dem feinen Herrn wird im erotischen Etablissement eine ältere Dame zugewiesen. Doch er beschwert sich: „Das älteste Gewerbe der Welt, gut. Aber muss es denn ein Gründungsmitglied sein?"

Wie ruft ein Skelett ein Taxi? – Es stoppt einen Leichenwagen.

Eine ältere Dame fragt einen Bettler: „Hat man Ihnen denn noch nie eine Arbeit angeboten?" „Doch, einmal. Aber sonst waren die Leute eigentlich immer nett zu mir!"

Kalle prahlt: „Ich hab sogar mal sieben Jahre nicht geraucht, nicht gesoffen und nix mit Frauen gehabt ... dann wurde ich eingeschult."

Im Lokal: „Herr Ober, was macht das Bier?"
„Es löscht den Durst, mein Herr!"

Wie heißt „Orgasmus" auf Bayerisch? –
Guad is!

Was macht ein Eskimo
im Kühlschrank? –
Er schaut einen Heimatfilm.

Warum stammen die Ossis nicht vom Affen ab? –
Weil die Affen es nie 40 Jahre lang
ohne Bananen ausgehalten hätten.

Wie heißt ein Liliputaner, der 20 Kinder hat? –
Fruchtzwerg.

Elfi sieht immer zu, wenn ihr kleiner Bruder
gewickelt wird. Heute vergisst die Mutter den Puder.
„Halt!", ruft Elfi, „du hast vergessen, ihn zu salzen!"

Kommt ein Mann mit einem Frosch
auf dem Kopf zum Arzt. Der fragt:
„Wie haben Sie denn das gemacht?"
Sagt der Frosch: „Den hab ich mir wohl
irgendwo eingetreten!"

Warum ist auf Ämtertoiletten immer dreilagiges Klopapier? – Weil die Beamten von jedem Scheiß zwei Durchschläge brauchen.

Ein altes Ehepaar liegt im Bett. Er: „Schatz, ich will Sex!" Sie: „Nur mit Kondom!" Darauf er: „Aber du kannst doch nicht mehr schwanger werden!" Sie: „Nein, aber ich will auch keine Salmonellen!"

Was ist das Schöne an Alzheimer? – *Man lernt ständig neue Leute kennen!*

Psychiater zum Patienten: „Herr Mielke, Sie sind spät heute. Ihr Verfolgungswahn war schon vor Ihnen da!"

Arzt: „Haben Sie Probleme mit Alkohol?" Patient: „Nein, immer nur ohne ..."

Was hat ein Engel, der in den Misthaufen gefallen ist? – Kotflügel.

Sagt die Oma zur Enkelin: „Du darfst dir zu deinem Geburtstag ein schönes Buch von mir wünschen." Da antwortet die Enkelin: „Toll, dann will ich dein Sparbuch!"

Nur eine Sache ist teurer als eine Frau – eine Exfrau!

Fragt die ernährungsbewusste Patientin: „Sind Fische gesund, Herr Doktor?" „Ich glaube schon, bei mir war jedenfalls noch keiner in Behandlung."

Eine Blondine stöckelt die Straße entlang, sieht eine Bananenschale und denkt: „Mist, gleich rutsche ich aus."

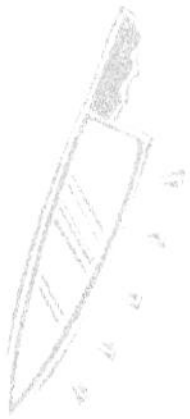

Richter beim Mordprozess in Helsinki: „Angeklagter, wo waren Sie in der Nacht vom 13. November auf den 4. Februar?"

Wie nennt man einen chinesischen Polizeihund? – Lang Fing Fang Wau.

Warum können Polizisten nicht schwimmen? – Sie sind zwar hohl, aber nicht ganz dicht!

Der Richter fragt: „Wie kam der Kommissar in den Swimmingpool?" „Ganz einfach", erwidert der Angeklagte, „er fragte mich: ‚Wie kam der Einbrecher in den Swimmingpool?'"

Erfolgreich ist ein Mann dann, wenn er mehr verdient, als seine Frau ausgeben kann. Erfolgreich ist eine Frau, die so einen Mann findet.

„Papa, kannst du mir erklären, was ein Vakuum ist?" „Das ... das ... also, ich hab's im Kopf, aber ich komm jetzt nicht drauf."

Was ist schottische Tomatensuppe? – *Ein roter Teller mit heißem Wasser.*

„Kinder, ihr sollt euch beim Schlittenfahren abwechseln." „Machen wir doch auch, ich fahr runter und er zieht rauf."

Eine Frau beim Arzt: „Herr Doktor, ich habe einen Knoten in der Brust." Der Doktor: „Mensch, wer macht denn so was?"

Beerdigung einer Putzfrau. Auf einem Kranz steht geschrieben: „Sie kehrt nie wieder."

Der Richter fragt die Angeklagte: „Ihr Alter?" Angeklagte: „Der wartet draußen!"

„Herr Direktor, der Gast in Zimmer 46 hat einen Lachkrampf. Soll ich den Arzt rufen?" „Nein, nicht nötig. Zeigen Sie ihm einfach die Hotelrechnung."

Was sind Square-Slipper? – *Quadratlatschen.*

„Fritzchen, kannst du mir erklären, wie auf eine einzige Seite deiner Hausarbeit 30 Fehler kommen konnten?" „Ich weiß auch nicht. Der Schulranzen war die ganze Nacht verschlossen in meinem Zimmer."

Wie lauten die letzten Worte des Sportlehrers? – „Alle Speere zu mir!"

Wie nennt man einen Bumerang, der nicht zurückkommt? – Stock.

Gibt es einen Unterschied zwischen einem Fußballer und einem Fußgänger? –Ja, der Fußgänger geht bei Grün, der Fußballer bei Rot!

Ein Mann an der Wursttheke: „Ich möchte gern 200 Gramm Leberwurst von der dicken groben." Antwortet der Verkäufer: „Tut mir leid, die hat heute Berufsschule!"

Einen Versuch ist es wert: „Wenn Sie die Mutter meiner Frau sind, dann sind Sie falsch verbunden. Alle anderen Personen sprechen bitte nach dem Piep!"

Wenn es dir nicht gelingt, mit Können Eindruck zu machen, den verwirre mit Schwachsinn.

Welcher Fluss ist ein wahrer Jungbrunnen? – Der Rhein, wer daraus trinkt, wird nicht alt.

Was heißt „Halt die Luft an!" auf Englisch? – Hold the air on!

Sie erklärt: „Schatz, Nikotin ist ein schleichendes, langsam wirkendes Gift!" Er: „Soll ich jetzt wegen dir Arsen rauchen?"

Ein Ehepaar sitzt vor dem Fernseher. Plötzlich fragt der Mann: „Wärst du eigentlich mal gern ein richtiger Mann?" Sagt die Frau: „Nee, du?"

Warum ist es so schwierig für Frauen, aus der Küche herauszukommen? – Die Herdanziehungskraft ist so groß.

Richter: „Sie beleidigen die Würde des Gerichts! Weshalb erscheinen Sie in Frauenkleidern?"
„Sie sagten doch, in Sachen meiner Frau!"

Medikamente im Pferdefleisch:
Hilft Lasagne jetzt auch gegen Grippe?

Schimpft der Professor: „Mit dem, was Sie nicht wissen, können noch leicht zwei andere Studenten durchfallen!"

Investor zu seinem Banker: „Ich schlafe aktuell wirklich wieder wie ein Baby – ich wache jede volle Stunde auf und heule."

Was sind englische Schreckschrauben? – *Horror-Screws.*

Wie bringt man die Augen eines Mannes zum Strahlen? – Leuchte ihm mit einer Taschenlampe ins Ohr!

Eine Frau am Obststand:
„Ich brauche Äpfel für meinen Mann, sind diese hier mit einem Gift bespritzt?"
„Nein, das müssen Sie schon selber machen!"

„Diese Waschmaschine ist wirklich günstig. Verdienen Sie denn überhaupt etwas daran?", fragt die Kundin. Der Verkäufer nickt und sagt: „Ja, aber erst an den Reparaturen."

Was ist ein Trabi mit einem Taschenrechner im Handschuhfach? – Der ostdeutsche „Knight Rider".

Was haben der grüne Punkt und ein Chinese gemeinsam? – Den gelben Sack.

Treffen sich zwei Spanner. Fragt der eine: „Und, was machen wir heute?" Antwortet der andere: „Mal gucken."

Warum haben Ostfriesen so schöne blaue Augen? – Weil sie immer vergessen, den Löffel aus der Teetasse zu nehmen.

Was heißt Stuhlgang auf Englisch? – *Chair-Walk*.

„Mein Mann hat mir Blumen mitgebracht, da muss ich wohl wieder die Beine breit machen." Fragt die Freundin: „Wieso, hast du denn keine Vase?"

Welche Sprache wird in der Sauna gesprochen? – *Schwitzerdeutsch.*

Wer ist patriotischer: Italiener oder Franzosen? – Die Italiener, die trinken Wein aus Römern. Oder hast du schon mal einen Franzosen gesehen, der Wein aus Parisern trinkt?

Wie heißt das grüne Tuch zwischen Chirurg und Internist? – BLUT-HIRN-SCHRANKE!

Karl: „Wird mit steigendem Einkommen der Politiker auch deren Politik besser?"
Paul: „Klar! Sie wird um so viel besser, wie ein Brot besser wird, wenn es mehr kostet."

Vor der Geburt fragt die Hebamme: „Möchten Sie, dass Ihr Mann bei der Geburt dabei ist?" „Ach, nein, bei der Zeugung war er ja auch nicht dabei."

Was ist der traurigste Augenblick für einen Mann? – Wenn er mit einer Erektion gegen die Wand läuft und sich dabei das Nasenbein bricht.

Der aktuelle Wert eines Mannes ist 10,95 Euro:
zwei Überraschungseier und ein Kümmerling.

Unter Kollegen: „Wie läuft denn Ihre Ehe?"
„Was bei uns läuft, ist der Fernseher."

„Betrügen Sie Ihre Frau?" „Wen denn sonst?!"

Beim Waffenunterricht wird erklärt: „... schießen Sie einem Flüchtenden nur in die Beine. Also Brustbein, Schambein, Stirnbein, Jochbein und so weiter."

Was ist gelb, hat nur einen Arm
und kann nicht schwimmen? – *Ein Schaufelbagger.*

Warum müssen alle Schotten Blindenschrift lernen? –
Damit sie auch ohne Licht lesen können.

Im ersten Philosophieexamen:
„Wenn dies eine Frage ist, antworten Sie."
Antwort: „Wenn dies eine Antwort ist, bewerten Sie."

Der Fernseher ist kaputt und der Vater
schaut sich ratlos im Wohnzimmer um.
„Ja, mein Junge, du bist aber groß geworden!"

Warum haben viele Frauen einen kleinen Kopf
und einen breiten Hintern? –
Damit sie beim Quatschen nicht aus dem Fenster fallen!

„Können Sie mir sagen, wie lange Schlangen leben?"
„Na, wahrscheinlich genauso wie die kurzen."

Wie erklärt man Kilowatt? –
Das sind zwei Pfund Elektrizität.

„Na Lisa, wie lief deine Führerscheinprüfung?"
„Ich bin durchgefallen,
nur weil ich einen Geisterfahrer überholt habe."

Fragt die Nachbarin: „Gehen Sie auch zu
Figaros Hochzeit?" „Nein, wir schicken nur Blumen."

Zwei Nachbarn treffen sich. „Ich habe gehört,
deine Frau arbeitet jetzt beim Fernsehen?"
„Ja, sie darf sich jetzt beim Bügeln einen Film ansehen."

„Aber Heinz, das ist doch gar nicht unser Baby!"
„Pssst, aber der Kinderwagen ist viel schöner."

„Herzlichen Glückwunsch", sagt der Chef
zu seinem Arbeiter. „So früh wie heute
bist du noch nie zu spät gekommen."

Patient erklärt seinem Arzt: „Ich bin heute
vom Baum gefallen." „Hoch?" „Nein, runter."

Wie lautet die Mehrzahl von Lebensgefahr? –
Lebensgefährtinnen.

Der Ehemann torkelt zur Tür rein. Dort empfängt
ihn seine wütende Frau mit dem Besen.
Fragt er: „Putzt du oder fliegst du noch weg?"

Hans fragt Klaus: „Wenn ich mit deiner Frau schlafe,
sind wir dann ewig Feinde?" „Nein, dann sind wir quitt."

Was heißt Weinprobe auf Englisch? –
Cry-Test.

„Mit einer winzig kleinen Änderung
würde ich dieses Kleid gern nehmen."
„Und was soll geändert werden, gnädige Frau?"
„Der Preis!"

Katharina fragt in der Zoohandlung: „Kann ich diesen Papagei in einen anderen umtauschen?" „Warum denn das?" „Ich hab einen neuen Liebhaber, und Lori weiß zu viel."

Fritzchen ruft aufgeregt: „Opa hat sich auf dem Dachboden aufgehängt!" Die Familie rennt nach oben. Dort angekommen entdeckt sie nichts. Darauf Fritzchen: „April, April, er hängt im Keller!"

Was ist eine Blondine zwischen zwei Österreichern? – *Nicht die Dümmste.*

Die kesse Susi durchsucht ihren Kleiderschrank. „Was suchst du?", fragt der Vater. „Meinen Bikini." „Na, den hat bestimmt eine Motte gefressen."

Eine Blondine zur anderen: „Dieses Jahr ist Weihnachten ein Freitag." Sagt die andere: „Hoffentlich nicht der 13.!"

Was sagt man in Finnland zum Sonnenuntergang? – *Hell sinki.*

Alle Kinder essen gern Koteletts. Nur nicht Jochen, der kriegt stets die Knochen.

„Papi, was ist ein Echo?"
„Das ist so eine Sache, die deiner Mutter nicht gestattet, das letzte Wort zu haben."

Der Gastgeber fragt den heimlichen Frauenschwarm: „Haben Sie schon meine entzückende Frau kennengelernt?" „Warum? Haben Sie zwei?"

In einer romantischen Sommernacht seufzt sie: „Hör mal, Schatz, die Grillen."
Er: „Ich rieche nichts!"

Unter Kollegen: „Führt deine Frau auch Selbstgespräche?" „Ja, aber sie weiß nichts davon. Sie glaubt, ich höre zu!"

„Meister, wie steht es denn mit meinem Auto?"
„Sagen wir es so: Wenn Ihr Auto ein Pferd wäre, müssten wir es erschießen!"

Zwei Kannibalen verspeisen einen Clown. Sagt der eine zum anderen: „Der schmeckt aber komisch."

Warum ist auf allen Intel-PCs das Schild „Intel inside" angeklebt? –
Dieser Warnhinweis ist unbedingt nötig.

Was ist englischer Einheitsfraß? – *Dinner-for-one.*

Wie tötet eine Blondine einen Fisch? –
Sie versucht ihn zu ertränken.

„Wie war denn dein Urlaub?"
„Ach, hör bloß auf! Meine Frau wurde zur Schönheitskönigin gewählt, den Rest kannst du dir ja vorstellen."

Am Check-in-Schalter: „Liebes, wir hätten das Klavier mit in den Urlaub nehmen sollen." „Wieso?" „Weil da noch unsere Flugtickets draufliegen."

Fragt der sächsische Opa: „Wo machsde denn hin, Reschen?" Antwortet das Mädchen: „In de Dornstunde." Sagt der Opa: „No, dann bisde ja en richdches Dornreschen."

Fragt ein Beamter den anderen: „Wieso meckern die Leute eigentlich ständig über uns, wir tun doch gar nichts?"

Warum hat der Weihnachtsmann so einen großen Sack? – Weil er nur einmal im Jahr kommt.

Wie nennt man einen Einarmigen
mit einem Kartenspiel? – Mission Impossible.

Was heißt Fastnachtszug auf Englisch? –
Almost-Night-Train.

Was sagt ein Mann, wenn er bis zum Bauch
im Wasser steht? – Das geht über meinen Verstand.

Partneranzeige: „Suche Mann um die 30
mit Pferdeschwanz, Frisur egal!"

Im Geschichtsunterricht ruft ein Schüler:
„Lauter!" Darauf der Lehrer: „Oh, Entschuldigung!
Ich wusste nicht, dass jemand zuhört!"

Wo finde ich den Patienten, den die Dampfwalze
überfahren hat? – Auf Zimmer 215 bis 238!

Wann hat ein Kannibale Schluckauf? –
Wenn er einen Trampolinspringer gegessen hat.

Die Tour de France hat begonnen.
An den Start gehen 23 Teams mit 200 Radfahrern
und 400 Apothekern.

An 99 Prozent aller Autounfälle
sind allein die Männer schuld ...
... weil sie ihrer Frau den Autoschlüssel gaben!

Warum vergessen Männer
regelmäßig den Hochzeitstag? –
Sie wollen das Drama nicht auch noch feiern.

Der Geschichtslehrer will wissen:
„Wie heißt die Frau von Hercules?"
Meldet sich Tobias: „Fraucules, Herr Lehrer."

Ein 90-Jähriger heiratet eine 19-Jährige,
in der Hochzeitnacht gesteht ihm die junge Frau
ihre Jungfräulichkeit. „Mist", sagt der Alte,
„ich weiß nämlich nicht mehr, wie es geht!"

Warum lieben Kannibalen
Badestrände? – Weil sich
die Menschen dort ganz von allein grillen.

Was schenkt man einem Beamten zum Umzug
in ein neues Büro? – Einen Bewegungsmelder!

Woran erkennt ein Mann, dass seine Freundin nichts von Motorrädern versteht? – Wenn sie Hayabusa für einen Push-Up-BH hält.

Was hat 21 Augen und sieht trotzdem nichts? – *Der Würfel.*

Morgens in der Straßenbahn. Eine Frau sagt zu ihrer Freundin: „Ist das ein Gedränge!" Die andere: „Gestern in der Disco nanntest du es noch Atmosphäre."

Woran erkennt man einen ostfriesischen Piraten? – An den zwei Augenklappen.

Warum haben Ostfriesen beim Zeitungslesen einen Sturzhelm auf? – *Sie haben Angst vor den Schlagzeilen!*

Fragt die eine Kerze eine andere:
„Sag mal, ist Wasser gefährlich?"
Antwortet die andere:
„Davon kannst du ausgehen!"

Wie sagt man neudeutsch „Ich liebe dich"? – „Ich bin der, wo das dich liebt."

Was haben wir, wenn ein
Kaminkehrer in den Schnee pinkelt? –
Winter.

In der Wüste laufen zwei Eisbären. „Hier muss es ganz schön glatt sein, wenn die so viel gestreut haben."

Wie heißt Klimaanlage auf Türkisch? –
Hüttekühl.

Wie schafft man es mit der SPD
zu einem kleinen Vermögen? –
Indem man vorher ein großes hatte.

Was blinkt und flattert durch die Luft? –
Ein gepiercter Schmetterling.

An der Bar: „Was würdest du zu einem Bier sagen?"
„Nichts, ich würde es trinken!"

Was jeder Schüler weiß: Man soll den Tag
nie vor dem Elternabend loben.

„Wird schon schiefgehen",
sagte der Turmbauer in Pisa.

Im Religionsunterricht erklärt der Lehrer, wie der erste und der zweite Mensch erschaffen wurden. Olli unterbricht: „Das wissen wir doch schon. Uns interessiert, wie der dritte Mensch erschaffen wurde."

„Hast Du gehört? Der Direktor ist gestorben." „Ja, und ich frage mich die ganze Zeit, wer noch gestorben ist." „Wie?" „In der Anzeige stand: ‚Mit ihm starb einer unserer fähigsten Mitarbeiter.'"

Worin besteht der Unterschied zwischen einem glücklichen und einem unglücklichen Ehemann? – Der eine hat ein trautes Heim, der andere traut sich nicht heim.

„Carlo, was hatten wir gestern auf?", fragt der Lehrer. Carlo antwortet: „Sie nichts, und ich 'ne Baseballkappe!"

Was tritt Menschen ins Gesicht, ohne dafür bestraft zu werden? – Der Schweiß.

Der Lehrer fragt: „Aus was besteht eine Porzellanschüssel?" Peter antwortet: „Meistens aus Scherben!"

Worin besteht der Unterschied zwischen einer Schönheitsoperation und Hundefutter? – Das eine ist für den Hund, das andere für die Katz.

Wie lautet der Vorname vom Reh? – Kartoffelpü!

Zwei Eskimos kommen nach Hause. Fragt der eine: „Wo ist denn dein Haus?" Sagt der andere: „Mist, ich habe wohl das Bügeleisen angelassen."

Der Ölscheich sieht sich die Babys auf der Entbindungsstation an. Die Schwester fragt: „Und, welches ist Ihr Kind?" Antwortet der Scheich: „Die ersten zwei Reihen."

Was machen die Finnen, wenn sie Weltmeister geworden sind? – Sie machen die Playstation aus!

Welches ist der schnellste Weg zum Herzen eines Mannes? – Mit einem scharfen Messer durch die Brust.

Der ideale Ehemann trinkt nicht, raucht nicht, flirtet nicht ... und existiert leider auch nicht!

Warum sagen Frauen nie „dummer Mann?" – Man sagt ja auch nicht „tote Leiche".

Sagt der eine Fisch zum anderen: „Hi." Sagt der andere: „Wo?"

Ein Feuerwehrmann springt die Straße hoch.
Ein Mann hält ihn auf und fragt: „Wohin des Weges, du Mann des Feuers?" Der Feuerwehrmann antwortet: „Zum Herd des Brandes, du Loch des Arsches!"

Sitzen zwei Jäger im Wald. Bei einem löst sich ein Schuss, der dem anderen den Arm abreißt. Meint der andere: „Wenn du das noch mal machst, hau ich dir eine rein!"

Was ist haarig und wird in der Pfanne gebraten? – *Bartkartoffeln.*

Ein Mann stürzt in die Wache:
„Nehmen Sie mich fest! Ich habe meiner Frau mit einer Bratpfanne auf den Kopf gehauen!" „Ist sie tot?" „Tot?! Sie kann jeden Moment hier sein!"

Was ist auf den Boden einer ostfriesischen Limonadenflasche aufgedruckt? – Bitte am anderen Ende öffnen!

Ganz kurz: Sitzen zwei im Stehcafé.

Sagt die eine Wand zur anderen: „Wollen wir uns nachher an der Ecke treffen?"

Der Offizier zu den Soldaten: „Männer, ihr müsst dem Feind immer fest ins Auge sehen. Schneider, warum starren Sie mich so an?"

Was ist klein, schwarz und dreht sich? – *Ein Maulwurf beim Hammerwerfen!*

Die kleine Mücke ist stolz auf ihren ersten Ausflug: „Es war so toll, überall, wo ich auftauchte, haben die Leute in die Hände geklatscht."

Eine uralte Oma geht am Friedhof spazieren und fragt den Friedhofswächter, wo das Grab 24b sei. Darauf der Wächter: „Das hab ich gern! Erst rauskraxeln und dann nicht mehr zurückfinden!"

Was steht mitten im Feuer, verbrennt aber nicht? – *Das „U".*

„Meine Verlobte hat wirklich Grips für zwei", schwärmt der junge Mann seinem Vater vor. „Tja", erwidert der Vater, „dann ist sie sicher die Richtige für dich."

Sagt der Bräutigam zur Braut: „Dein Vater ist wirklich unmöglich. Mit seinem lauten Hurrageschrei hat er die ganze Trauung verdorben!"

Der Pferdefleisch-Skandal breitet sich weiter aus.
Nun wird auch Schimmel im Käse vermutet!

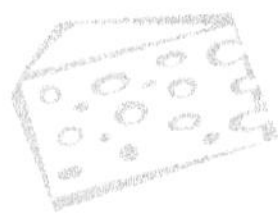

Warum nehmen Männer altes Brot mit aufs Klo? –
Sie wollen die WC-Ente füttern.

„Mama, du hast immer gesagt: Liebe geht durch
den Magen." „Ja, mein Kind." „Stell dir vor,
heute habe ich einen anderen Weg gefunden!"

Fritzchen fragt seine Mama:
„Mami, dürfen Priester heiraten?" Darauf die Mutter:
„Natürlich, wenn sie sich lieben!"

„Sie sehen aber gar nicht gut aus, Herr Klein.
Sie waren wohl krank?" „Nein, aber mit
der ganzen Familie in Urlaub!

Steffi ist beim Schüleraustausch in London
und sitzt in einem Café. Der Ober will abräumen
und fragt: „Are you finished?"
Antwortet Steffi stolz: „No, I'm German!"

„Hast du deine Freundin ernsthaft deshalb verlassen,
weil sie jetzt eine Brille hat?"
„Nein, es war leider umgekehrt!"

Wie heißt ein Arzt bei den Kannibalen? – Hot Doc.

Wie heißt in Schwaben ein Schwein, das um Hilfe ruft? –
Notrufsäule

Anruf bei Prinz Charles. Jemand fragt: „Ist Camilla da?"
„Nein", sagt Charles, „die ist kegeln.
Auf Englisch: Camilla Parker bowles!"

Oma und Opa essen Suppe. Sagt die Oma:
„Hach, mit wird's ganz warm ums Herz." Sagt der Opa:
„Kein Wunder, deine linke Brust hängt in der Suppe."

Männer behandeln Frauen
wie Sternschnuppen:
Heute Stern, morgen Schnuppe.

„Liebes, du musst doch nicht
an deinem Geburtstag das Geschirr spülen.
Das kannst du doch auch morgen machen."

80 Prozent der Frauen finden ihren Arsch zu dick,
15 Prozent zu klein. Fünf Prozent finden ihn
ganz in Ordnung, so wie er ist und sind froh,
dass sie ihn geheiratet haben.

Wie nennt man ein Nagetier, das beim Schachspiel verloren hat? Eine Mattratze.

Der Arzt flüstert am Sterbebett: „Ihre Frau gefällt mir gar nicht." Antwortet der Ehemann: „Mir auch nicht, aber es wird ja nicht mehr lange dauern, oder?"

„Herr Professor, der Doktor ist da."
„Ich habe jetzt keine Zeit.
Sagen Sie ihm einfach, ich sei krank."

Morgendliche Verkehrskontrolle:
„Haben Sie noch Restalkohol?" „Leider nicht, aber da vorn am Kiosk bekommen Sie sicher schon was."

Alle essen Rindfleisch.
Nur nicht Gerd, der isst gern Pferd.

Ein Mann schafft das Puzzle nicht und ruft seine Frau an. Fragt sie: „Was ist denn auf der Packung?" „Ein roter Hahn!" „Gut, dann pack die Cornflakes wieder ein."

Der Vogel fragt die Schlange: „Hi, wie geht's?" Sagt die Schlange: „Ich schlängle mich so durch. Uns selbst?" Der Vogel wird rot und fliegt davon ...

Wie führt sich eine Elefantenkuh einen Tampon ein? –
Sie nimmt ein Schaf und setzt sich darauf!

„Weißt du, dass jetzt auch Politiker nach Leistung bezahlt werden sollen?" „Aber man kann doch nicht die ganze Bundesregierung verhungern lassen!"

Ehemann zum Weinhändler: „Welchen Wein können Sie mir für unsere Silberhochzeit empfehlen?"
Antwort: „Das kommt darauf an.
Wollen Sie feiern oder vergessen?"

Ist die Magd nachts zu lebendig,
fehlt der Knecht am Morgen ständig!

Was ist ein Hirte, der seine Schafe verprügelt? –
Ein Mähdrescher!

Sie: „Bärchen, wir sind jetzt schon 30 Jahre zusammen.
Sollten wir nicht langsam mal heiraten?"
Er: „Ja, glaubst du denn, uns nimmt noch einer?"

Ein Liliputaner kommt in die Kneipe, bestellt sich einen Jubi, kippt ihn runter, schüttelt sich und sagt: „ Brrr, uhhhh, das zieht einen ja ganz schön zusammen!"

Was sagt ein Schwabe, wenn er einen Orgasmus hat? – Sodala.

Warum gibt es beim Chinesen immer Essen mit Nummern? – Weil sich „43" besser anhört als „Zwergdackel süß-sauer"!

Dieter schimpft: „Unglaublich, dass die hübschesten Mädchen die größten Idioten heiraten!" Seine Ehefrau: „Liebling, das ist das schönste Kompliment seit Jahren."

Zwei Araber in der Wüste, einer hat eine Glatze. Fragt der andere: „Wa da ma Ha da?"

Was gibt ein Schotte als Trinkgeld? – Ein Stückchen Würfelzucker – für eine Tasse Tee!

Anruf beim Bahnwärter: „Da liegt ein Gleis auf dem Damm." „Na, das wollen wir doch auch hoffen!" Kurz darauf wieder ein Anruf: „Jetzt haben sie den almen alten Mann tot gefahlen."

Hängt ein Schild an der Bäckerei: „Heute warme Berliner" Kundin: „Sind die Herren aus Berlin schon da?"

„Ich habe unsere Putzfrau in die Oper geschickt."
„Was lief?"
„Die Sauberflöte!"

Der Kellner räumt ab und fragt:
„Wie fanden Sie das Schnitzel, mein Herr?"
„Rein zufällig unter dem Salatblatt!"

Hat Windows etwas mit U-Booten gemeinsam? –
Ja, kaum macht man ein Fenster auf,
fangen die Probleme auch schon an.

„Mami, mir ist so schwindelig."
„Aber das ist doch erst der Vorwaschgang."

Aus einer Statistik: Fünf von vier Leuten
können nicht rechnen!

Bolle fragt Kalle: „Den Wievielten haben wir heute?"
„Weiß nicht." „Schau doch mal in die Zeitung!"
„Die ist von gestern."

„Warum schmeckt denn euer Rhabarber so gut,
richtig mild, fast süß?"
„Ach, unser Hund hat Zucker und pinkelt immer drauf."

„He, Sie Flegel, Sie haben meiner Frau gerade auf den Fuß getreten. Ich verlange Genugtuung!"
„Gut, dort drüben sitzt meine!"

„Sie sehen so traurig aus, was ist los?"
„Ich wollte meine Sorgen ertränken, aber meine Frau wollte nicht ins Wasser."

Was heißt Wohnmobil auf Englisch? –
Appartment-a-go-go

Eine alte Dame fragt am Strand den kleinen Otto:
„Werden hier viele Wracks angeschwemmt?"
„Nein, Sie sind das erste!"

„Mama, ist es wahr, dass der Mensch zu Staub wird, wenn er tot ist?" „Ja."
„Dann ist unter meinem Bett ein Toter."

Was ist rot und liegt auf dem Feld? –
Eine Bauernregel.

Mädchen und Bananen sind sich oft so ähnlich.
Sie sind am süßesten,
wenn sie ganz leicht verdorben sind!

Laufen zwei Verrückte über Bahnschienen, sagt der eine: „Ich hab so Hunger, ich beiß in die Schienen!" Sagt der andere: „Warte bis da vorne, da kommt 'ne Weiche!"

Der Bestatter fragt: „Ihr Mann hat sich also erhängt?" „Ja!" „Und woher kommen die Beulen am Kopf?" „Er hat ein Gummiband genommen!"

Ein älterer Lehrer: „Ein Wort möchte ich von euch nie mehr hören, und das ist ‚geil'." Schüler: „Okay, und wie heißt das Wort?"

„Opa, wo willst du denn mit dem Fahrrad hin?" „Auf den Friedhof!" „Und wer holt dann das Fahrrad wieder ab?"

„Papa, für 10 Euro sag ich dir, was der Briefträger immer zu Mami sagt." „Hier sind 10 Euro, los!" „Guten Morgen, Frau Müller, hier ist Ihre Post!"

Lehrer: „Wenn die Herrschaften in der zweiten Reihe so leise sein würden wie die Comicleser in der fünften Reihe, dann könnte die erste Reihe ungestört weiterschlafen!"

„Dieser Tunnel hat 3,5 Millionen Euro gekostet", erklärt der junge Mann. „Das ist er auch wert", sagt das Mädchen und richtet ihre Frisur.

„Weiß deine Mutter, was du hier treibst?", fragt der Freier eine junge Prostituierte. „Na, hoffentlich nicht. Das hier ist nämlich ihr Revier!"

„Fritz ist pleite."
„Was hatte er denn für eine Firma?"
„Er hat Brennholz verliehen ..."

Ein Mann, ein Wort. Eine Frau, ein Wörterbuch.

Der Ehemann zu seiner Frau, bevor er den Fernseher einschaltet: „Möchtest du noch etwas sagen, bevor die Fußballsaison anfängt?"

Treffen sich zwei Unterhosen in der Waschmaschine. Sagt die eine zur anderen: „Warst wohl im Urlaub, weil du so schön braun bist!"

Ein junger Sozialkundelehrer: „Wusstet ihr, dass bei jedem Atemzug, den ich mache, ein Mensch stirbt?" Ruft ein Schüler: „Haben Sie es schon mal mit Mundwasser probiert?"

Die Lehrerin fragt: „Wenn ich sage: ‚Ich aß zu Mittag', welche Zeit ist das dann?" „Mahlzeit!"

„Mein Mann arbeitet jetzt seit zwei Wochen in der Brauerei." „Und, gefällt es ihm?" „Weiß ich nicht, er war noch nicht zu Hause.

Ein Bettler klingelt an der Haustür: „ Seit Tagen habe ich nichts gegessen." Die Hausfrau: „Das dürfen Sie aber nicht machen, Sie müssen sich dazu zwingen!"

Mach es doch wie die Lampe – was auch geschieht:
Trag es mit Fassung!

Was tun Ostfriesen bei Ebbe? – Sie verkaufen das Land an die Österreicher.

Männer sprechen etwa 25.000 Wörter am Tag und Frauen ca. 30.000. Dumm ist nur, dass ich abends meine 25.000 Worte schon verbraucht habe, während meine Frau mit ihren 30.000 erst anfängt.

Er poussiert: „Findest du auch, dass mein Körper wie Dynamit ist?" Sie: „Sicher, aber leider ist die Zündschnur so kurz."

Party irgendwo in Sachsen:
„Was sind Se denn von Beruf?"
„Pyrotechniker."
„Was reden Se denn so jeschwollen?
Sachen Se doch enfach Büroarbeider."

Eine ältere Dame fährt im Taxi. Beim Aussteigen sagt der Fahrer: „12 Euro, bitte!"
„Oh, so viel habe ich nicht, können Sie mich nicht wieder ein Stück zurückfahren?"

„Herr Ober, die Suppe schmeckt so komisch."
„Und, warum lachen Sie dann nicht?"

Sind die Bahn und die Mafia gleich? –
Nein, die Mafia ist wenigstens gut organisiert.

Der Englischlehrer fragt, was Bürgermeister auf Englisch heißt. Peter überlegt und sagt dann: „Burger King."

Der eifrige Verkäufer: „Diesen Mantel können Sie zu jeder Jahreszeit tragen."
„Auch im Sommer?" „Selbstverständlich, bei warmem Wetter tragen Sie ihn über dem Arm."

Der Arzt erklärt: „Diese Tabletten
nehmen Sie jetzt täglich bis zu Ihrem Lebensende."
Patient erschrickt:
„Aber, das sind ja nur fünf Stück!"

„Gib mir deine Hand, Liebling", sagt die Zigeunerin
im Bett zu ihrem Ehemann, „ich möchte
vor dem Einschlafen noch ein wenig lesen."

„Um meine Frau nicht zu wecken", erzählt Peter
am Stammtisch, „zog ich mich letzte Nacht
vor der Treppe aus." „Und?" „Als ich oben ankam,
war es der Hauptbahnhof!"

Warum rennt eine Blondine beim Duschen
immer im Kreis, wenn sie ihre Haare wäscht? –
Weil auf dem Shampoo „wash and go" steht.

Attraktiv, wohlhabend, intelligent, geistreich,
sportlich, elegant, sensibel, humorvoll, welterfahren
und erfolgreich ... bin ich NICHT.
Aber schreibt mir ruhig! Chiffre 722201.

Der Chemielehrer fragt nach
den Eigenschaften des Wassers.
Kalle weiß sofort eine: „Wenn ich mich wasche,
wird es ganz schwarz."

Zwei Holzwürmer treffen sich im Käse.
Klagt der eine:
„Na, auch Probleme mit den Zähnen?"

Wie heißt der chinesische Landwirtschaftsminister? –
Kuh Dung

Alle Kinder fahren mit den Rad.
Nur Susanne hat wieder 'ne Panne.

Ein Mann und eine Frau liegen schlafend im Bett.
Plötzlich wacht er auf: „Mist, schon halb zwei.
Ich muss nach Hause zu meiner Frau!" Ertönt es von
der anderen Seite des Bettes: „Ich BIN deine Frau!"

Die Schwester ruft aufgeregt: „Herr Doktor,
der Simulant von Zimmer 13 ist soeben gestorben!"
Arzt: „Jetzt übertreibt er aber!"

Was ist eine Insel mit zwei Bergen? –
Pamela Anderson in der Badewanne.

Der hungrige Tiger trifft auf einen Ritter.
„Verdammt", sagt der Tiger, „jetzt hab ich
den Dosenöffner vergessen!"

Eine Kuh macht „Muh“. Und viele Kühe machen Mühe.

Sie beim One-Night-Stand: „Toll, dass du Kondome mit Noppen verwendest.“ „Noppen? Ich habe Gänsehaut, weil du so hässlich bist!“

Was hängt im Regenwald an den Bäumen? – Urlaub!

Der Lehrer zu Paulchen: „Kannst du mich nicht grüßen, wenn du reinkommst?“ Paulchen: „Natürlich, von wem?“

Wie heißt die Schambehaarung bei einer Zwergin? – Zwerchfell.

Es gibt eine Lösung, um Klosternachwuchs zu fördern. Die Mönche machen jetzt Zellteilung.

Was ist Lippenvergrößerung für Arme? – Herpes.

„Haben Sie denn nicht bemerkt, dass Ihr Mann einen Herzinfarkt hatte?“ „Nein“, sagt sie, „aber ich fand es komisch, dass er nach 25 Jahren flüsterte: ‚Oh, Erika, mein Herz!‘“

Warum heißt der Penis auf Bayerisch
auch gerne mal „Pavarotti"? –
Weil die bayerischen Madln oft sagen: „Den Luciano."

Peter übersetzt den englischen Satz „And now
I make me – me nothing, you nothing – out of the dust"
so: „Und nun mache ich mich – mir nichts,
dir nichts – aus dem Staub."

Der Erdkundelehrer fragt: „Was wisst ihr über die Inseln
im Mittelmeer?" Susi meldet sich: „Die Inseln sind
alle größer oder kleiner als Sizilien."

Was sagte Gott, als er die Frau erschuf? –
„Hirn ist alle! Ab jetzt gib's Titten!"

Das Schlangenkind fragt seine Mutter:
„Sind wir wirklich giftig?" „Wieso?"
„Ich hab mir auf die Zunge gebissen."

Auf welcher Seite einer Katze gibt es mehr Fell? –
Auf der Außenseite.

„Du, Papa, schau doch mal, warum lässt denn der Hund
seine Zunge raushängen?" „Ich weiß auch nicht.
Vielleicht ist sein Kopf zu kurz."

Alle fliegen nach Japan.
Nur Andrea fliegt nach Korea.

Er: „Sollen wir heute Abend mal die Stellung wechseln?" Sie: „Super Idee. Du bügelst und ich leg mich aufs Sofa, schau Fernsehen und furze!"

Neues Thema bei Talk am Mittag: „Du Schwein, unter deinen Klamotten bist du nackt!"

Ein Mann geht ins Reisebüro: „Ich suche für meine Frau einen Winterkurort in den Bergen. Haben Sie etwas Nettes mit Lawinengefahr?"

Die Medizinstudentin fragt den Dozenten: „Kann man sich eigentlich auf der Toilette einen Tripper holen?" „Sicher, aber das ist sehr umständlich."

Darf man Milch in einer Untertasse servieren? –
Ja, wenn es für die Katz ist.

„Ich heiße Stein, und ich bin ebenso hart. Merken Sie sich das! So, und wie heißen Sie?", fragt der Feldwebel den Rekruten. „Steinbeißer, Herr Feldwebel."

Lotte geht über den Wochenmarkt. An einem Stand fragt sie: „Sind das deutsche oder ausländische Tomaten?" Darauf der Händler mürrisch: „Wollen Sie die Tomaten essen oder mit ihnen sprechen?"

Die kesse Susi im Kaufhaus: „Ich hätte gerne den blauen Bikini aus dem Schaufenster." „Das ist kein Bikini, das sind Schnürsenkel!"

„Schatz, feiern wir dieses Jahr nicht unsere silberne Hochzeit?" „Nee, lass uns noch fünf Jahre warten, dann haben wir 30-jährigen Krieg!"

Ein Sänger zum anderen: „Ich habe mir deine CD gekauft – die ist ja grauenvoll." „Ach, du warst das also."

Die Lehrerin nimmt Fritzchen zur Seite:
„Du solltest mal wieder baden!"
Fritzchen: „Aber ich bade doch täglich!"
Lehrerin: „Dann solltest du mal das Wasser wechseln!"

„Warum hat die Giraffe einen so langen Hals?", will der Lehrer wissen. Steffi ruft: „Weil der Kopf so hoch oben ist!"

Sie säuselt: „Liebst du mich?" Er: „Jetzt gleich?"

Der Lehrer erklärt: „‚Ledig' hat zu bedeuten,
dass jemand nicht verheiratet ist.
Was ist ein Mann, wenn er geheiratet hat?"
Frank: „Der ist ‚erledigt', Herr Lehrer."

Otto klagt: „Ich war Mitglied
bei den Wandervögeln.
Jetzt bin ich ausgetreten.
Die wollten immer nur wandern …"

WC-Spruch auf dem Männerklo: Ich liebe Frauenbewegungen, nur rhythmisch müssen sie sein!

Ein Tourist fragt in Niederbayern einen Einheimischen:
„Entschuldigen Sie, wie heißt der Berg da vorn?"
Der Bayer sieht sich um: „Woichana?"
Der Tourist: „Herzlichen Dank."

Herr Knaus verlangt im Hotel nach dem Schlüssel
für Zimmer 12. Fragt der Portier:
„Sind Sie denn unser Gast?" „Nein, ich muss
100 Euro für die Nacht bezahlen."

Er: „Wenn ich vor dir sterbe,
und du heiratest wieder, darf der Neue dann
auch mit meinen Golfschlägern spielen?"
Sie: „Nö, er ist Linkshänder."

Wie viele Gehirnzellen hat eine Frau? –
Vier, für jede Herdplatte eine.

Die Scheidung hat viele soziale Vorteile:
Denn, sind wir mal ehrlich, ohne Scheidung hätten doch viele Frauen gar kein Einkommen.

Wie schafft man es, dass eine Blondine am Montagmorgen lacht? – Freitagabends einen Witz erzählen!

Die Lehrerin fragt: „Wie heißt die Zukunftsform von ‚Ich stehle'?" „Ich komme ins Gefängnis!"

Ein Hahn geht ins Elektrogeschäft: „Guten Tag, ich möchte gerne eine Legebatterie kaufen."

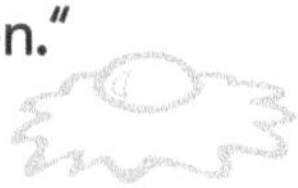

Was leuchtet und ist grau? – *Ein elektrischer Elefant.*

„Mein Teller ist noch ganz nass", schimpft der Gast im Luxushotel. „Sei doch ruhig", flüsterte seine Frau, „das ist bestimmt die Suppe!"

„Keine Panik!", ruft der Pilot, als er mit dem Fallschirm auf dem Rücken durch das Flugzeug rennt. „Ich springe runter und hole Hilfe!"

Bei der Stadtrundfahrt wird erklärt:
„Meine Herren, gleich fahren wir an der ältesten Brauerei der Stadt vorbei!" Eine Stimme aus dem Hintergrund: „Warum vorbei?"

„Können Sie mir einen unbekannten und schneesicheren Ort empfehlen?"
„Leider sind die unbekannten Reiseziele schon alle ausgebucht!"

Sie schimpft: „Ich hab unter deinem Bett Playboyhefte gefunden!"
Er: „Ach, die! Die kaufe ich mir nur wegen der Bilder!"

Warum wird Viagra von älteren Männern nur noch geschnupft? –
Weil bei ihnen Sex nur noch im Kopf stattfindet!

Wie weiß eine Frau, dass sie einen Augenarzt im Bett hat? – Er fragt ständig: „So besser oder so besser ... so besser oder so besser ..."

Zwei Blondinen schauen in den Nachthimmel.
„Was ist wohl weiter weg, London oder der Mond?", fragt die eine. Darauf die andere:
„Hallooo, kannst du London von hier aus sehen?!"

Lehrer: „Alkohol ist auch ein gutes Lösungsmittel …"
Schülerin: „Ja, für Probleme und so."

Erst soll man sprechen lernen,
und später soll man immer den Mund halten.

Der Lehrer fragt Paulchen:
„Gibt es etwas Flüssigeres als Wasser?"
„Ja, Hausaufgaben. Die sind überflüssig!"

Frau Meyer schimpft:
„Das ist also die Jugend von heute,
mit 16 jeden Abend mit einem anderen ausgehen,
aber Mutters 30. Geburtstag vergessen …"

Der Vater zum Sohn: „Herzlichen
Glückwunsch zur Volljährigkeit,
mein Lieber. Jetzt kannst du tun und lassen,
was du willst – bis zu deiner Hochzeit."

Treffen sich zwei Hunde. „Wie heißt du denn?"
„Weiß nicht – ich glaube ‚Sitz'."

Die Lehrerin fragt:
„Was ist das Gegenteil von einem Reformhaus?"
Ruft Lieschen: „Reh hinterm Haus!"

„Opa, stimmt es, dass es Radarfallen gibt?" „Natürlich, mein Kind." „Und wie fängt man einen Radar?"

Idealmaße der Männer:
90-40-90. 90 Millionen Dollar auf dem Konto, 40 °C Fieber und 90 Jahre alt.

Auf der Wiese treffen sich zwei Schafe.
Sagt das eine: „Mäh!"
Sagt das andere: „Mäh doch selber!"

Die Eintagsfliege fragt die andere: „Und, was machst du morgen?"

„Beim Lotto habe ich heute schon wieder keine einzige richtige Zahl", klagt der Vater. „Ach", tröstet ihn Lisa, „mir ging es heute in der Mathearbeit genauso."

Sie fragt: „Schatz, würdest du mit einer anderen schlafen, wenn ich gestorben bin?"
Er antwortet: „Dafür musst du doch nicht extra sterben!"

Warum werden seit Kurzem zu Forschungszwecken Juristen anstatt Ratten genommen? –
Weil es Dinge gibt, die die Ratten nicht tun.

Ein Mann fährt mit einem total verbeulten Auto zur Tankstelle und sagt: „Waschen, bitte!" Fragt der Tankwart: „Soll ich ihn auch bügeln?"

Warum duscht eine Blondine die Shampooflasche? –
Weil „dusch das" draufsteht.

Sagt der Lehrer bei der Prüfung eines Schülers: „Ich weiß, was bei deinem Stottern hilft. Halt einfach den Mund."

Zwei Flöhe kommen aus dem Theater. „Laufen wir oder nehmen wir einen Hund?"

„Mein Vater ist wirklich ein Angsthase!" „Warum?" „Immer, wenn meine Mama nicht da ist, schläft er bei der Nachbarin!"

Zwei Tiroler sind zum ersten Mal im Striplokal. Fragt der eine: „Hosch du a Ereksion?" „No, i hon a Nokia."

Wie nennt man den chinesischen Verkehrsminister? –
Um Lei-Jung.

Der Gast beschwert sich: „Der Schaumwein schäumt nicht." Antwortet der Ober: „Und, haben Sie einen Hundekuchen schon mal bellen gehört?"

Ein Mann fragt im Baumarkt, wo die Schrauben sind. Der Verkäufer brummt: „Geradeaus." „Okay", sagt der Mann, „dann nehme ich Nägel."

Warum benutzen Ostfriesen im Dezember nur die Fenster als Ausgang? – *Weil Weihnachten vor der Tür steht.*

Der Beamte fragt seinen Kollegen: „Warum isst du denn einen faulen Apfel?" Antwortet der Kollege: „Komisch, als ich anfing, war er noch gut."

Sie: „Warum laufen Sie denn die ganze Zeit hinter mir her?" Er: „Jetzt, wo ich Sie von vorne sehe, frage ich mich das auch."

Eva kreischt Adam an: „Du bist immer anderer Meinung als ich!" Adam: „Zum Glück, sonst hätten wir ja beide unrecht."

„Mami, ich will nicht nach Amerika." „Sei jetzt bitte still und schwimm weiter."

Wie bringt ein Mann eine Frau nach dem vierten Orgasmus noch einmal zum Schreien? – Wenn er den nassen Pimmel am Vorhang abtrocknet!

Der Gast fragt den Kellner: „Warum muss ich hier vor dem Essen bezahlen?"
„Na, Sie haben doch die Pilzpfanne bestellt."

Was ist der Vorteil davon, dass Ostfriesland so flach ist? – Man sieht schon am Samstag, wer am Sonntag zu Besuch kommt.

Woraus besteht ein Beamten-Expander? – Aus zwei Büroklammern und einem Gummiring dazwischen.

„Bei der Mathematikarbeit müssten 75 Prozent von euch eine Sechs bekommen." Lacht die letzte Reihe: „75 Prozent, so viele sind wir ja gar nicht ..."

Zwei Igel sitzen auf einem Haus. Fragt der eine: „Wollen wir springen?" Sagt der andere: „Nö."

Gott schenkte den Menschen Intelligenz. *Ausnahmen bekamen die Regel.*

Zwei Kraken gehen Arm in Arm in Arm in Arm …

Was ist unsichtbar und duftet
nach Karotten? – Ein Kaninchenfurz.

Warum tragen Fallschirmspringerinnen Tampons? –
Damit es während des Fluges nicht pfeift.

Am Morgen treffen sich zwei Vögel.
Sagt der eine: „Was ist denn mit dir los?
Du bist ja total k.o.!" Antwortet der andere:
„Ich hab ja auch die ganze Nacht gemenscht."

Wie heißt der chinesische Verteidigungsminister? –
Ka No Ne.

In welchen Zug passt immer nur einer rein? –
In den Anzug!

Warum können Frauen nicht gut furzen? –
Weil sie den Mund nicht lange genug halten können,
um den nötigen Druck aufzubauen!

HSV gegen Bayern. In der 42. Minute bekommt Ziege
die gelbe Karte, wegen Meckerns.

„Dieses Jahr mache ich den Weihnachtsschmuck selber, das Material habe ich schon im Kopf."
„Du bastelst also Strohsterne?"

Was ist orange und läuft durch den Wald? – *Eine Wandarine.*

Zwei Durstige irren durch die Wüste. Fragt der eine: „Hast du nicht gestern erzählt, du hättest Wasser in den Beinen?"

Wie bestellt ein Taubstummer zwei Hörnchen? – Er geht in eine Bäckerei und schlägt zweimal mit dem Kopf auf die Theke.

„Sag mal, Otto, rauchen deine Kühe?" „Nein."
„Dann brennt dein Stall."

Warum schaffen Seeräuber keine Kreisberechnung? – *Weil sie Pi-raten.*

Kommt ein Amerikaner auf einen Bauernhof und ruft „Hello, Mister!" Der Knecht antwortet: „Ich bin nicht der Mister, ich bin der Melker."

Frauen sind wie Krawatten:
Man wählt sie bei schlechter Beleuchtung,
und dann hat man sie am Hals.

Neben dem Garderobenhaken vor dem Lehrerzimmer hängt ein Schild: „NUR FÜR LEHRER!" Tags darauf hängt ein Zettel darunter: „Auch für Jacken."

Fragt die eine Kuh die andere: „Du bist so dünn, wie machst du das nur?"
„Ich esse nur vierblättrige Kleeblätter ..."

„Fritzchen, wie kann es sein, dass plötzlich alle deine Hausaufgaben richtig sind?"
„Mein Papa ist im Urlaub, Herr Lehrer!"

Erich fragt seinen Freund: „Na, wie war die Party am Samstag?" „Total langweilig, wenn ich meine Hose gefunden hätte, wäre ich schon viel früher gegangen."

Die Berliner haben Schnauze.
Die Bayern haben Mündchen.

Warum sammeln alle Ostfriesen Apfelkerne? –
Wegen der Kernkraft.

„Frau Fischer, ich würde gern
mit Ihrer Tochter fischen gehen!"
„Aber ich heiße Vogel." „Na ja, ich wollte
nicht mit der Tür ins Haus fallen!"

Eine dicke Frau kommt in eine Konditorei:
„Ich möchte gerne Rumkugeln."
Sagt der Konditor:
„Aber nicht in meinem Laden!"

Wie gelingt es einem Unternehmer,
dass alle seine Arbeiter pünktlich sind? –
Er stellt weniger Parkplätze zur Verfügung.

Warum können Frauen nicht Ski fahren? –
Weil es in der Küche nicht schneit.

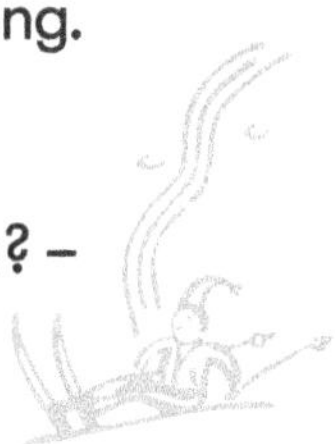

Was ist bei den Kannibalen ein Skelett? – Leergut.

Wie nennt man den chinesischen Polizeichef? –
Lang Fing-Fang.

Warum gibt es Viagra in Zukunft auch eckig?
Damit es nicht davonrollen kann,
wenn es den alten Männern runterfällt.

Was ist eigentlich ein Streichquartett? –
Eine Gruppe von vier Malern.

Was heißt Wirtschaftsminister auf Englisch? –
Boss-of-the-Pubs.

Was gibt es freitags bei den Kannibalen? –
Natürlich Fischer.

„Bitte, Herr Doktor, Sie müssen mich krankschreiben!"
„Was fehlt Ihnen denn?" „Eine Woche Urlaub."

Eine alte Frau beim Einkaufen. An der Kasse
wird sie gefragt: „Eine Tüte?" Darauf die Dame:
„Nö, wenn ich schon wieder kiffe,
finde ich nicht mehr nach Hause."

Wie nennt man einen übergewichtigen Vegetarier? –
Biotonne.

Wie bricht man einer Frau das Nasenbein? –
Man legt 50 Euro unter einen Glastisch.

Was ist erst grün und plötzlich rot? –
Ein Frosch im Mixer!

Im Deutschunterricht: „Wer kann mir sagen, ob es ‚der Monitor' oder ‚das Monitor' heißt?" Antwortet Karlchen: „Wenn Moni das Tor schießt, heißt es das Monitor."

Auf der Hundeschau foppt ein Schäferhund einen Mops: „Na, du bist wohl gegen einen Baum gerannt."

Beim Marschieren brüllt der Offizier: „Abstand zum Vordermann genau 80 Zentimeter, bei 81 Zentimeter sind Sie fahnenflüchtig, bei 79 Zentimeter schwul."

Des Ballonfahrers letzte Worte:
„Die nächste Hochspannungsleitung nehmen wir noch."

Wenn du dich klein, nutzlos, beleidigt und depressiv fühlst, denke daran: Einmal warst du das schnellste Spermium deiner Gruppe!

Welches Bier macht schlau? – Das tschechische Budweiser.

Alle schaffen den Sprung über die Schlucht. Nur nicht Peter, dem fehlte ein Meter.

Wie heißt das Auto von Garfield? – *Catcar*.

Kevin soll seine Englischarbeit korrigieren und liest: „The bird can't fly – Das arme Schwein!"

Was muss eine Frau zuerst ausziehen, um ihren Mann ins Bett zu kriegen? – *Den Stecker des Fernsehers.*

Wie heißt ein Hase nach dem Marathonlauf? – *Glühlampe.*

Nach einem Gewitter treffen sich die Nachbarn auf der Straße. „Warum haben Sie denn Ihre Katze an der Leine?" „Damit sie trocknet."

Ein Cowboy geht zum Friseur, als er wieder rauskommt, ist sein Pony weg.

Schimpft das Ausrufezeichen das Fragezeichen: „Du hast doch 'n Knick!"

Willi macht Urlaub in Schottland. Dort fragt er einen Einheimischen: „Was halten Sie denn von Schottenwitzen?" „Damit sollte man sehr, sehr sparsam umgehen!"

Nach der Operation beruhigt der Chefarzt den Patienten: „Keine Sorge, in zwei Wochen sind Sie draußen. So oder so."

Wie heißt der chinesische Regierungssprecher? – Zei Tung.

„Weißt du den Unterschied zwischen einem Telefon und einem Politiker?" „Nein." „Den Hörer kann man aufhängen, wenn man sich verwählt hat."

„Herr Doktor, ich bin 90 Jahre alt und laufe immer noch Frauen hinterher."
„Das ist doch schön, wo ist das Problem?"
„Ich weiß nicht mehr, warum!"

„Wenn du mein Mann wärst, würde ich dir Gift in den Kaffee mischen!" „Und wenn du meine Frau wärst, dann würde ich den Kaffee auch trinken."

„Wer kann mir die drei Eisheiligen nennen?", will der Lehrer wissen. Meldet sich Susi: „ Schöller, Dr. Oetker und Langnese!"

Die meisten Menschen müssen mit Enttäuschungen leben, ich muss mit meiner schlafen.

„Schatz, meine Kollegen haben gesagt, dass ich ganz tolle Beine hätte!" „Und von deinem fetten Arsch haben sie nicht gesprochen?" „Nein, von dir war nicht die Rede."

Jeder ist doch schlau – der eine vorher, der andere hinterher.

Aus der Geometriestunde: „Der Kreis ist eine Figur, bei der an allen Ecken gespart wurde."

Was isst ein Kannibale im Restaurant? – *Einen Ober.*

Das kleine Häschen sagt zur Schildkröte: „Haddu Panzer, muddu Bundeswehr."

Im Herren-WC:
„Tritt näher, er ist kürzer, als du denkst!"

„Papa, wer war nochmal Julius Cäsar?" „Ich kann dir nicht immer alles vorsagen, lies es gefälligst selbst in der Bibel nach."

„Weißt du, welches das älteste Instrument ist?" „Ja, die Ziehharmonika, sie hat die meisten Falten."

Hüpfen zwei Sandkörner durch die Wüste.
Sagt das eine zum anderen:
„Du, ich glaub, wir werden verfolgt!"

Die Null zur Acht: „Hey, schicker Gürtel!"

Wenn Stiftung Warentest
einmal Vibratoren testet,
ist dann das Testergebnis „befriedigend"
besser als „gut"?

„Wird die Operation sehr teuer?", will der Patient wissen. Der Arzt antwortet lächelnd: „Dieses Problem können Sie Ihren Erben überlassen."

Warum tragen Ostfriesen das ganze Jahr über Rollis? –
Damit man das Schraubgewinde
für den Holzkopf nicht sieht.

„Geben Sie mir bitte
zwölf rote Rosen!" „Lange?"
„Was, ich kann sie auch mieten?"

Zwei Beamte treffen sich mittags um 12 Uhr
auf der Toilette. Fragt der eine den anderen:
„Na, kannst du auch nicht schlafen?"

Arzt zum Hausherren: „Ihre Frau gefällt mir gar nicht."
„Mir auch nicht, aber was glauben Sie,
was die Geld hat."

Warum haben Männer O-Beine? –
Kleinigkeiten stehen doch immer in Klammern!

In der Grundschule. „Lisa, wenn du zu drei Eiern
noch drei Eier dazulegst, wie viele hast du dann?"
„Tut mir leid, ich kann keine Eier legen!"

Ein Mann betritt ein Spielzeuggeschäft und ruft:
„Guten Tag. Ich hätte gern ein Geduldsspiel,
aber ein bisschen plötzlich!"

Kompliziert, diese EU-Verordnungen:
Die werden in Brüssel beschlossen,
in Frankreich gelesen, in Italien in den Papierkorb
geworfen und in Deutschland befolgt!

Was macht ein Tenor, wenn der Regen
an sein Fenster prasselt? – *Er verbeugt sich.*

Warum arbeiten Maurer nur sechs Monate im Jahr? –
Weil in den anderen sechs Monaten
das Bier gefroren ist.

Was haben Lehrer und Wolken gemeinsam? –
Wenn sie sich verziehen, ist es ganz schön.

Worin unterscheiden sich männliche und weibliche Igel? –
Der männliche Igel hat einen Stachel mehr.

Das Punker-Girl fragt die Verkäuferin:
„Kann ich diese Klamotten wieder umtauschen,
falls sie meinen Eltern doch gefallen sollten?"

Der Mann weckt seine Frau mitten in der Nacht auf:
„Hier Süße, deine Kopfschmerztabletten."
Sie: „Ich habe doch gar keine Kopfschmerzen."
Er: „Na dann …"

Der Gast beschwert sich über das Frühstück
im Hotel: „Die Brötchen sind ja alt,
ich will Brötchen von heute." Sagt der Kellner:
„Dann kommen Sie morgen wieder!"

Ein Mann fragt im Milchgeschäft die Verkäuferin:
„Entschuldigen Sie, haben Sie Fettarme?"
„Na, hören Sie mal!"

Warum arbeiten Skelette eigentlich nie in Fabriken? –
Weil sie Knochenarbeit verabscheuen.

Aus einem Sportratgeber: Wer gut über die Runden kommt, hat auch bei den Schlanken keine Probleme.

Ein Blinder und ein Tauber duellieren sich.
Fragt der Blinde: „Wo ist er, wo ist er?"
Fragt der Taube: „Hat er schon geschossen?"

Fliegt eine Birne am Kirschbaum vorbei. Sagt eine der Kirschen: „Birnen können doch gar nicht fliegen." Ruft die Birne: „Doch, ich bin die Birne Maja!"

Er: „Wenn ich ein dummes Gesicht sehe, muss ich lachen!" Sie: „Stört dich das nicht beim Rasieren?"

Ein Elefant sieht einen nackten Mann:
„Und damit kriegst du genug Luft?"

Stoppt Tierquälerei: kein Viagra an Schlangen!

„Susanne, hättest du lieber ein Brüderchen oder ein Schwesterchen?" „Och, wenn es nicht zu schwer für dich ist, Mami, möchte ich am liebsten ein Pony."

Was schenkt ein Pole seiner Frau zum Geburtstag? – *Dein Auto!*

Der Bayer flucht: „Himmel, Arsch und Zwirn!"
In England flucht er dann: „Heaven, ass and thread."

Worin unterscheidet sich die FDP von einem Manta? –
Der Manta hat mehr Sitze.

Alkoholikerspruch:
Lieber Korn im Blut als Stroh im Kopf.

Kommt ein Skelett in die Kneipe und bestellt:
„Ein Bier und einen Lappen bitte."

Was ist eine Leckerei für Vampirkinder? – Blutegel.

Teeniespruch: Dein Gesicht auf einer Briefmarke,
und die Post geht pleite!

Gestern habe ich bei den Weight
Watchers angerufen – es hat aber
keiner abgenommen.

Anruf bei der IT-Hotline.
Kunde: „Ich benutze Windows." Hotline: „Aha."
Kunde: „Mein Computer funktioniert nicht richtig."
Hotline: „Das sagten Sie bereits."

Was ist ein Bierbauch? –
Die männliche Scheinschwangerschaft.

Fragt Papa: „Und, wie war dein erster Schultag?"
Sein Sohn beschwert sich: „An der Tür stand
‚Erste Klasse' und dann gab es dort nur Holzbänke!"

Aus einem Ratgeber: „Alkohol macht gleichgültig!"
Murmelt der Leser: „Ist mir doch egal."

Auf einem Schüler-WC: Lieber ständig übermüdet
als ständig überwacht.

„Ich wollt, ich wär ein Huhn", singt der Penner,
„... noch 'nen Korn, und noch 'nen Korn ..."

Was sagt ein Zahnarzt zu einem Skelett? – „Gutes
Gebiss, aber das Zahnfleisch ist eine Katastrophe."

„Ihr Fachgebiet ist Fußball?", fragt der Quizmaster.
„Ja", antwortet der Kandidat. „Gut, da habe ich eine
Frage für Sie. Wie viele Maschen hat das Tornetz?"

Sagt eine Fahne zur anderen:
„Irgendwie bin ich durch den Wind!"

Was sucht ein Keks unter einem Baum? –
Ein schattiges Plätzchen.

Im Sportflugzeug: „BAUER AN TOWER, BAUER AN TOWER – ES WIRD IMMER GRAUER!" Der Fluglotse: „TOWER AN BAUER – DAS IST DIE MAUER VOM TOWER, DU BAUER!"

Fallen zwei Schokotafeln vom Baum. Sagt die eine: „Mist, ich hab mir meine Rippen gebrochen." Darauf die andere: „Ich bin voll auf die Nüsse gefallen."

Warum können Männer keinen Rinderwahnsinn bekommen? – Weil alle Männer Schweine sind!

„Die Polizei sucht einen großen blonden Mann um die fünfzig, der Frauen belästigt!", liest Frau Müller ihrem Mann vor. Er: „Glaubst du, dass das der richtige Job für mich ist?"

Zwei Elefanten sehen zum ersten Mal einen nackten Mann: „Wie zum Teufel kriegt der sein Essen in den Mund?"

Susi soll einen Satz mit zwei Vulkanen bilden: In Ätna zwei Wochen komm ich wieder zu Vesuv.

„Im letzten Winter haben wir mit Sinn und Verstand geheizt." „Ach, deshalb war es bei euch immer so kalt."

Die Bäuerin erklärt dem Urlaubsgast voller Stolz: „Bei uns wird man morgens vom Hahn geweckt." „Nicht schlecht. Dann stellen Sie ihn bitte auf halb zehn!"

Warum ist der ostfriesische Hinterkopf so platt? – Weil denen beim Trinken aus der Kloschüssel immer der Deckel auf den Kopf fällt.

Die Soldaten sitzen doch alle im selben Boot: Die Marine steuert, das Heer rudert und die Luftwaffe fährt Wasserski!

Was zeigen Kannibalen beim Oralverkehr? – Absolutes Vertrauen.

Worin besteht der Unterschied zwischen einem Cello und einer Geige? – Das Cello brennt länger.

Fahren zwei Polizisten gegen einen Baum. „Boah! So schnell waren wir bisher noch nie am Unfallort!"

Kennst du den Piraten, der Boxweltmeister wurde?
Er hatte einen gefürchteten rechten Haken.

Kaum vorstellbar:
Geht eine Frau am Schuhgeschäft ... vorbei.

Ein Elefant tritt auf eine Maus und ruft:
„Oh, Verzeihung!" Sagt die Maus: „Kein Problem,
das hätte mir doch auch passieren können."

Wie heißen bei den Kannibalen Skateboarder? –
Rollbraten!

Was ist rot und steht am Straßenrand? –
Eine Hagenutte.

Was heißen Geheimratsecken auf Englisch? –
Go-home-advice-corners.

Was sind wohl die letzten Worte eines Vampirs? –
„Schöner Tag heute."

Was sind Kalorien? – Das sind die winzigen Tierchen,
die nachts die Kleidung enger nähen!

Wie heißen englische Schlauberger? –
Clever-Mountains.

„Mama, darf ich später mal Pirat werden?"
„Ja, aber nur, wenn du brav bist."

Wann weiß man, dass ein Schlagzeuger
an der Tür klopft? – Wenn er schneller wird.

Sie: „Liebling, ich habe im Lotto gewonnen!
Pack deine Sachen!" Er: „Prima! Soll ich fürs Meer
oder fürs Gebirge packen?" Sie: „Egal.
Verschwinde nur so schnell wie möglich!"

Ein Schwein wimmert:
„Ach, es ist doch echt Wurst, was aus mir wird."

Die Holzwurmmama ruft ihre Kinder:
„Es ist spät, ab ins Brettchen!"

Wie füttert ein Polizist seinen Sohn? –
Er ruft: „Aufmachen, Polizei!"

Wie sagt ein Engländer „Prost Mahlzeit?" –
Cheerio-Mealtime.

„Auf Wiedersehen, Herr Glanz, und vielen Dank. So eine tolle Party habe ich noch nie erlebt!" „Ach, sagen Sie doch das nicht!" „Doch, doch, das sage ich immer!"

„Elisabeth, möchtest du unseren lieben Gästen nicht etwas vorsingen?" „Aber die gehen doch bereits." „Aber nicht schnell genug."

Ich habe nichts gegen Beamte – *sie tun ja nichts!*

Ehepaar Krause macht Urlaub am Meer. Fragt er: „Freust du dich gar nicht, dass ich so gut tauchen gelernt habe?" Sie: „Wozu? Du tauchst ja immer wieder auf!"

Was ist weiß und hüpft von Gebüsch zu Gebüsch? – Ein ostfriesischer Arzt bei der Zeckenimpfung.

Sagt der Patient zum Arzt: „Was ist wohl besser, Operation oder sterben?" Sagt der Arzt: „Mit ein bisschen Glück können Sie vielleicht beides haben."

Was ist der beliebteste Treff von Gespenstern und ihren Freunden? – Die Geisterbahn.

Warum kann man manche Menschen eigentlich nicht von der Steuer absetzen – als außergewöhnliche Belastung?!

Was ist nass, weiß und riecht nach Spucke? – *Spucke.*

Unter Männern: „Wohin guckst du zuerst, wenn du eine schöne Frau siehst?" „Ob meine guckt!"

Was sucht eine Blondine im Ketchup? – Den HEINZ.

Ein fauler Student schreibt an seinen Vater: „Papa, wo bleibt mein Geld?" Antwort des Vaters: „Hier."

Die Schneckenmama rät ihren Kindern: „Geht nicht über die Straße, in drei Stunden kommt der Bus."

Die Ehefrau zu ihrem Mann: „Liebling, warum blätterst du denn so wild im Kochbuch?" „Ich will wissen, wie man Wäsche kocht!"

„Papili, ich wünsch mir eine Hüpfburg!" „Ach, das ist doch viel zu primitiv für meine Prinzessin. Du bekommst was viel Besseres. Ich verspreche dir ein Luftschloss."

Fritzchen fragt: „Papa, ist Gott denn so sehr krank?“ Sagt der Vater: „Wieso?“ Darauf Fritzchen: „Na ja, er hat Dr. Konrad zu sich gerufen.“

Das Liebespaar trifft sich nur draußen. Eines Tages sagt er: „Wenn ich die Adresse deines Vaters wüsste, würde ich sofort um deine Hand anhalten.“ Sie: „Ach, die hat Mama auch nie erfahren.“

„Herr Ober, was können Sie mir heute empfehlen?“ „Unter uns? Das Restaurant gegenüber.“

Wie macht man eine schottische Schorle? – Halb Mineralwasser, halb Leitungswasser.

Warum sehen sich Vampire so gerne Katastrophenfilme an? – Weil sie so appetitanregend sind.

Was macht ein einarmiger Mann in der Einkaufsstraße? – *Er sucht einen Secondhandladen.*

Was ruft ein Gen, wenn es ein anderes trifft? – Halogen!

Was tut ein Aal im Rhein? – Er studiert Chemie.

Tom fährt mit seiner Mutti Straßenbahn. Gegenüber sitzt eine Dame mit großer Oberweite und mit tiefem Dekolleté. Tom: „Mama, wieso hat die Dame den Popo in der Bluse?"

Beamte sind die Träger unserer Nation. Einer ist träger als der andere.

„Herzlichen Glückwunsch", ruft die Verkäuferin. „Sie sind der erste Kunde, der sich über einen nicht aufgegangenen Fallschirm beschwert!"

Im Schützengraben fragt der eine Soldat den anderen: „Ey Mann, bist du tot?" „Nein, warum?" „Du stinkst so."

„Wie darf ich Ihnen das Ei servieren?" „Hat die Art des Servierens Einfluss auf den Preis?" „Nein, mein Herr." „Dann servieren Sie es mir auf einem großen Schnitzel."

Was ein Beamter nicht gleich versteht, wird von ihm verboten.

Meine Frau hat Alzheimer-Bulimie: Erst isst sie Riesenportionen, aber dann vergisst sie das Brechen.

Wie heißt Ofen auf Chinesisch? – Hei Zung.

Warum spielen Dudelsackspieler immer im Gehen? – Weil sie versuchen, vor den Tönen zu fliehen.

Aus einem Kreuzworträtsel: rheinische Gottheit mit einem Buchstaben? – Jott!

Warum machen Frauen kaum Witze über Männer? – Sie sind tierlieb.

Warum haben Rekruten intern die Bezeichnung BTW4? – Blind, taub, wasserdicht und aufblasbar bis vier Atü …

Was hat zwölf Füße und jodelt? – Ein bayerisches Sextett.

Ein ehemaliger Stürmer steht vor der Himmelspforte. Da kommt Petrus und sagt: „Ja, wie haben Sie denn das Tor gefunden …?"

Was heißt BH-Größe auf Englisch? – Apple-Holder-Number.

Ein Ochse philosophiert: „Zum Glück bin ich kein Stier. Sonst müsste ich Kühe lieben. Wer hat schon gern ein Rindvieh zur Frau?"

Wie lautet das neue Lieblingslied von Topbankern? – My Boni is over the Ocean.

Die letzten Worte des Fahrlehrers: „Nun probier's mal alleine."

Zwei Kekse spazieren über die Straße. Der eine wird vom Auto überfahren. Sagt der andere: „Der hat sich aber schnell verkrümelt."

„Alle Frauen sind verdorben", sagt der Pessimist. „Na hoffentlich!", der Optimist.

Einsicht: Das letzte Bild, mit dem alle zufrieden waren, war mein Ultraschallbild.

Zwei Fliegen krabbeln über einen Globus. Als sie sich zum zweiten Mal begegnen, meint die eine: „Wie klein die Welt doch ist ..."

„Mama, haben Zitronen eigentlich Flügel?“
„Aber nein!“ „Mist, dann hab ich eben
den Kanarienvogel in den Tee gepresst!“

Er fragt: „Kannst du mir etwas sagen, was mich glücklich und traurig zugleich macht?“ Antwortet sie: „Von all deinen Freunden hast du echt den Größten!“

Sagt eine Frau beim Arzt: „Wenn ich hier drücke, dann tut das so weh!“ Sagt der Arzt: „Ja, dann drücken Sie da nicht!“

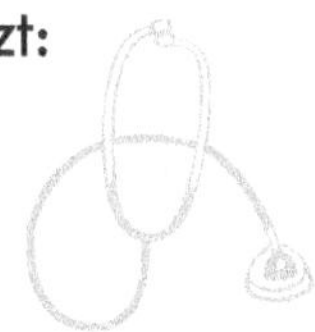

Was ist paradox?

- Wenn im Park eine Goethe-Statue durch die Bäume schillert.
- Wenn ein Gartenfachgeschäft auf keinen grünen Zweig kommt.
- Wenn sich Zwillinge unverwandt anschauen.
- Wenn ein Reiter auf den Hund kommt.
- Wenn der Pferdestall für die Katz ist.

Warum haben glatzköpfige Männer Löcher in den Hosentaschen? – Damit sie sich durch die Haare fahren können!

Wer hat eigentlich den Kreisverkehr erfunden? – Die Polen, weil sie die Lenkradsperre nicht lösen konnten.

„Ich möchte gern sechs Mausefallen kaufen."
„Wollen Sie sie gleich mitnehmen?"
„Nein, ich schicke die Mäuse vorbei!"

Was sitzt schwarz auf einem Baum? –
Ein Spanner nach einem Waldbrand.
Und was sitzt rot auf dem Baum? –
Sein noch glühender Freund!

Wie nennt man einen Narren, dem etwas weh tut?
Autor.

Warum geben Männer ihrem Penis immer
einen Namen? – Damit sie wissen,
wer ihr ganzes Leben bestimmt.

Auf einer Party wird die schöne Judy gefragt:
„Was glaubst du, kann eine Frau zwei Männer lieben?"
„Lieben nicht", antwortet Judy lächelnd, „aber betrügen!"

Neulich rief ich im Krankenhaus an.
Die wollten mich aber einfach nicht verbinden.

„Hallo Pitt, stell dir vor, ich werde Vater."
„Und warum guckst du so traurig?"
„Ich muss es noch meiner Frau erzählen."

Sterbemethode nach Beruf:

- Der Gärtner beißt ins Gras.
- Der Maurer springt zum letzten Mal von der Schippe.
- Der Koch gibt endgültig den Löffel ab.
- Der Turner ist verreckt.
- Der Elektriker wurde vom Schlag getroffen.
- Der Pfarrer segnet das Zeitliche.
- Der Spachtellieferant kratzt ab.
- Der Lokführer liegt in den letzten Zügen.
- Der Beamte entschläft.
- Der Religiöse musste dran glauben.
- Der Zahnarzt hinterließ eine schmerzliche Lücke.
- Der Bauer schaut sich die Radieschen von unten an.

- Der Chirurg springt über die Klinge.
- Der Anwalt muss sich vor dem jüngsten Gericht verantworten.
- Der Autobauer kommt unter die Räder.
- Der Mechaniker schmiert ab.
- Der Förster wandelt nun in den ewigen Jagdgründen.
- Der Frauenarzt scheidet dahin.
- Der Kaminkehrer erbleicht.
- Der Rabbi geht über den Jordan.
- Der Optiker schließt für immer die Augen.
- Der Eremit wird heimgerufen.
- Der Tenor hört nun die Englein singen.
- Der Spanner ist endgültig weg vom Fenster.
- Die BH-Verkäuferin nippelt ab.

Peter Porsche im Kaufhaus: „Ich hätte gern ein paar Autohandschuhe." „Welche Nummer?" „YO-AR-143!"

Was ist blau, zittert und steht am Straßenrand? –
Eine Frostituierte!

„Nein!", schrie die Tausendfüßler-Jungfrau
und kreuzte ihre Beine. „500-mal nein!"

Wie viele Psychologen braucht man, um eine Glühbirne
zu wechseln? – Einen. Aber die Glühbirne
muss auch gewechselt werden WOLLEN.

Warum sind die meisten Italiener so klein? –
Weil ihnen immer gesagt wurde:
„Wenn ihr groß seid, müsst ihr arbeiten!"

„Weißt du, wer Draculas Lieblingsbruder war?" –
„Klar, Winnetou, der war sein Blutsbruder."

In welcher Kirche kann immer nur einer stehen? –
Im Kondom.

Sie flüstert: „Ich liebe dich. Liebst du mich auch?"
Er: „Ja, dich auch."

„Liebes, wieso sagst du mir eigentlich nie, wenn du einen
Orgasmus hattest?" Darauf sie: „Weil du nie dabei bist!"